「裁判官の良心」とはなにか

竹内浩史

LABO

目次

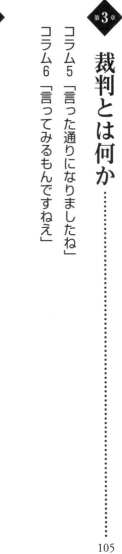

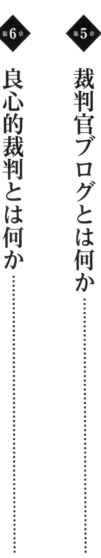

はしがき　～この本を読んでくださる皆さんへ～

日本裁判官ネットワークは、1999年に結成されて以来、数々の行事を通じて市民と意見交換の場を設け、数冊の書籍も刊行してきた。

私は2003年に弁護士から任官してメンバーとなった中途入社組なので、初期の3冊には関与していないが、最近10年間には、創設メンバーの浅見宣義裁判官（当時）を中心に、LABO『希望の裁判所　私たちはこう考える』（2016年）に続いて、岩波ブックレットから『裁判官が答える裁判のギモン』（2019年）、『裁判官だから書けるイマドキの裁判』（2020年）を刊行した。前者のブックレットは過去、後者は現在を書いたので、次は将来の裁判を予想したものをまとめて三部作にしようという話もあったのだが、浅見さんが2021年に依願退官して、2022年に滋賀県長浜市長に当選したことで、日本裁判官ネットワークとして原稿を集めて続編を作るのは困難になってしまった。他のメンバー裁判官も次々に定年退官・依願退官をしてしまい、想定外にも、残されたわずかな現職裁判官として、日本裁判官ネットワークの幕引きを担う役回りとなった。

前記『希望の裁判所』は、瀬木比呂志元裁判官の『絶望の裁判所』（講談社新書、2014年）に対抗して、裁判所もそう捨てたものではないという方向でまとめたものであり、冒頭の章では私の趣味の都々逸にした最近の最高裁判決を評価していたが、現状から見ると、やや裁判所を美化し過ぎた嫌いもある。

ちなみに、瀬木さんの本では、私たち日本裁判官ネットワークは「弱い」と言われてしまった。そこまで「強い」裁判所批判をお持ちならば、なぜ、裁判官在任中におっしゃってくれなかったのだろうか。退官後なら何でも書けるだろうが、それでは「裁判所はやっぱり窮屈で、言いたいことも言えない組織なんだ」と思われかねない。青法協攻撃では先頭に立った矢口洪一元最高裁長官でさえも、退官してから最高裁批判に転じた。

日本裁判官ネットワークの先輩メンバー裁判官である森野俊彦さんも、退官後の一昨年、『初心「市民のための裁判官」として生きる』（日本評論社、2022年）を発刊された。そこで、今回は、私の単著として全文責を負った上で、忖度抜きに裁判所の現状について思うところを書いてみたいと思う。

よく「裁判官は退官間際に名判決をする」という法則あるいは都市伝説が言われるが、それがなぜなのかは本文で読んでいただくとして、私も還暦を迎え、65歳の定年まであと約4年となった。あとは、同期の現職裁判官の大多数と同様に、「上がりポスト」と言われる高裁の裁判長にしてもらえるかどうかだけだ。裁判をしない地家裁所長になることは、望んでもいないし、望まれてもいない。昨年4月に2回目の再任をされたばかりであり、いざとなれば、裁判官には転勤拒否権がある（裁判所法48条）。

これは、「弁護士任官者」として市民推薦で弁護士から裁判官になった私の、市民に対する報告書のつもりでもある。

2024年5月3日　任官22年目の憲法記念日に

弁護士任官裁判官　竹内浩史

第1章

裁判官の良心とは何か

※２０２３年10月29日　時習館高校１３０周年記念行事の講演から

◎**はじめに**

こんにちは。第33回卒業生の竹内浩史です。現在は、津地方裁判所の民事部の裁判長をしています。時習館卒業後、約42年半ということになりますが、実は、今日は私の61歳の誕生日でもあります。

下級審裁判官の定年65歳まで、残りちょうど4年ということになります。時習館１３０周年記念に加えて、私自身の記念も兼ねてお話しする機会をいただいたということで、とても嬉しく思っています。

裁判官は、概して話下手で、失言を恐れるので、あらかじめ原稿を書いておかないと喋れない人種です。私は「弁護士任官者」と言って、弁護士から裁判官に転身したので、そうではないのですが、今日は夏休みに時間をかけて、原稿を準備して来ました。これは、途中で喋り過ぎて、時間オーバーで日本史の授業の「あるある」のように、尻切れトンボになるのを心配したからです。

今日お話しする内容は、そのまま本にする予定ですので、ノートやメモを取っていただく必要はありません。それよりも、来年、本が出た時にはぜひ買って下さい。

◎下級裁判所の裁判官の任命にも閣議が必要

私は、時習館高校を卒業後、東京大学法学部に進学し、司法試験に合格後、当時は2年間だった司法修習を経て、16年間の弁護士活動の後、２００３年4月に裁判官になりました。任官後、21年目になります。東京高裁、東京地裁、さいたま地家裁川越支部、横浜地裁、大分地裁、大阪高裁、名古屋高裁、そして津地裁と勤務してきました。

皆さんも日本国憲法を勉強したはずですが、裁判官の身分保障の条文についてはあまり意識されていません。下級審裁判官の任期は、憲法80条1項の規定で10年ごとの再任とされています。したがって、私は今年4月に3回目の任命を受けました。実際に「官記」と呼ばれる任命書をその度にもらっています。任命するのは内閣です。憲法80条1項の前段には「下級裁判所の裁判官は、最高裁判所の指名した者の名簿によって、内閣でこれを任命する。」と書いてあります。しかし、最高裁の裁判官と違って、このことはほとんど知られていません。私が任官する前に、ある方に「まだ閣議決定がされていないので、内定中の身です。」と挨拶したら、「下級審の裁判官の任命にいちいち閣議が必要なのですか。」と驚かれました。驚いていたのは有名な憲法の教授だったので、こちらはもっと驚きました。

最高裁のみならず、下級裁判所、つまり高等裁判所・地方裁判所・家庭裁判所・簡易裁判所の裁判官までも内閣が任命するという形を取っているのは、三権分立の仕組みの一環です。ちなみに、最高裁長官は憲法6条2項の規定により内閣の指名に基づいて天皇が任命し、長官以外の最高裁判事は憲法79条1項の規定により内閣が任命して、天皇が認証することになっています。

◎今日の話の概要

今日は、憲法76条3項にいう「裁判官の良心」とは何か、というお話をしたいと思いますが、これは全くの私の「独自の見解」です。裁判所を代表する意見ではありませんし、憲法学者が同様の説を述べているわけでもありません。しかし、私がこれからお話しするようなことを知っていただかないと、今後も裁判官になろうという若者は増えないし、世間も裁判官の立場を誤解したまま、的外れの裁判所批判を繰り返すことになると思うのです。

具体的な項目としては、①ヒラメ裁判官と良心的裁判官とはどう違うのか、②裁判官の良心とは具体的にどういうものか、③ＡＩに裁判を任せられない理由は何か、④最高裁裁判官の良心はどうか、といったことなどについて、私の見解を述べたいと思います。その途中で、分かりやすい例え話として、「一休さん」の頓智話や「大岡越前」の名裁きを、私なりに解釈したいと思います。

◎弁護士任官裁判官

さて、私は21年前に弁護士から裁判官になりました。「弁護士任官裁判官」と呼びます。これは、日本の裁判所ではかなり珍しいことなのです。裁判所法という法律によれば、弁護士経験10年で判事の任命資格があるのですが、敗戦後の一時期を除いて、そのような例はほとんどなくなっていました。裁判官は、司法研修所を卒業後の若者が直ちに判事補になり、任期10年を務めた後に改めて判事に任命されるというルートが大多数になっていたのです。これを「キャリア裁判官」といいます。

平成の司法改革の一環で、弁護士任官を推進することになったのですが、私が弁護士任官することを決めた動機の一つは、「裁判官の良心とは何か」という長年の疑問を究明したいということでした。

憲法76条3項には、こう書いてあります。

「すべて裁判官は、その良心に従ひ独立してその職権を行ひ、この憲法及び法律にのみ拘束される。」

改めてこの条文を読んで見て、皆さんは違和感を覚えませんか。なぜ、ここに「良心」という文言が必要なのでしょうか。これを抜きにして、必要最小限で書こうとすれば、

「すべて裁判官は、この憲法及び法律に従って裁判をする。」

とだけ規定しても、あまり意味は変わらないように見えます。多くの人々にも、裁判官とはそういう仕事だろうというくらいにしか思われていないのではないでしょうか。私は、弁護士生活16年間を通じて、その謎を暖めていました。実際に裁判官をやってみれば、分かるのではないか、そう思ったのです。私は、弁護士時代の市民オンブズマン活動を経て裁判官になったので、その意味でも珍しがられ、任官時には記者会見を開いていただき、毎日新聞と読売新聞の

2003. 4. 2 読売

東京高裁の裁判官になった
市民オンブズマンの弁護士
竹内《たけうち》　浩史《ひろし》さん 40

顔

「名古屋市民オンブズマン」の一員として、行政に厳しい監視の目を向けてきた。名古屋南部公害訴訟や様々な労働訴訟で、市民の側に立って戦ってきた自負もある。そんな弁護士が一日付で東京高裁の裁判官になった。

最高裁と日本弁護士連合会が一昨年に合意した、裁判官の新推薦制度で任官した三人のうちの一人。市民が参加する協議会を経て、中部弁護士会連合会が推薦。「自分は裁判官には遠い存在」と考えていただけに、「本当に私でいいんでしょうか」と聞き返したが、すぐ、「制度の試金石になれば」と思い直した。

子供のころ、公害訴訟が全国で相次いでいるのを見て、「社会をよくする仕事を」と法律家を志す。東大在学中に司法試験に合格し、「弱者の味方になって世の中を変えよう」と弁護士を選んだ。

「自分がやらなければやる人はいない」という主義。一票の価値に最大五倍の格差があった一九九一年の愛知県議選では、自ら原告として提訴した。最高裁で覆されたが、名古屋高裁では画期的な違法判断を勝ちとっている。

「敗者が納得できる判決を」

「弁護士出身判事の長所は、負けた経験があること。敗者を納得させる判決を書きたい」と抱負を語る。

何事にも気後れせず、まず動く行動派。昨年は、趣味のクイズでテレビ番組の解答者として出場、優勝争いを演じた。「裁判官が出てもいいはず」と、再出場目指して裁判所に働きかけるつもりだ。

（中部支社社会部　山田　滋）

読売新聞2003年４月２日

ひと

裁判官に就任した市民オンブズマン

竹内《たけうち》 浩史《ひろし》さん

昨年、全国放映のクイズ番組に出場して惜敗した。「裁判官になっても慣例に縛られたくない。クイズ番組にも、再挑戦を考えています」

4月から東京高裁民事部裁判官。日弁連と最高裁による弁護士任官推薦制度の第1号だ。全国初のオンブズマン出身の裁判官の誕生でもある。行政の不当支出に切り込み、司法に問題を提起してきた立場から、今後は判断する側に身を置く。

「弱者の味方　正義の味方　あなたの味方」

弁護士登録の時に掲げたスローガン通り、91年、行政を監視する名古屋市民オンブズマンに参加後は、東奔西走を続けてきた。上下水道工事を巡る全国的な談合訴訟では、7年近くかかって和解を成立させ、談合による愛知県などの損害を取り戻した。

裁判官になっても市民感覚は忘れません

愛知県出身。東京大卒。87年に弁護士登録。労働、公害裁判や容疑者との接見交通権問題にも取り組んだ。40歳。

弁護士出身の裁判官を増やそうと始まった制度への応募を、昨年5月、名古屋弁護士会の担当者から打診された。青天の霹靂《へきれき》だったが「新制度の試金石になれば」と挑戦を決意した。最高裁の選考では、オンブズマンの経歴から敬遠されるかもと思ったが、採用が決定した。「司法改革で、最高裁も変わったんですかねえ」

代理人だった訴訟を避けようと、任地は名古屋以外を希望した。「行政の言っていることや慣例は、必ずしも正しくはない。訴えを素直に聞いて判断し、訴訟に負けた人も納得できる判決を出したい」。裁判官になっても雑誌への投稿などを通じて、自分の意見を表明したいと考えている。

文・北村和巳
写真・兵藤公治

毎日新聞2003年 4 月13日

「顔」欄にも載りました。その時の所信表明でも、「裁判官の良心」の解明を公約にしました。今日はその解答をご報告するつもりです。

◎「ヒラメ裁判官」の思考回路

ところで、皆さんは、「ヒラメ裁判官」という言葉をどこかで聞いたことがありませんか。私の任官当時の最高裁長官だった町田顯《まちだあきら》さんが、２００４年の新任判事補の任命式の訓示で、「ヒラメ裁判官」は全く歓迎していないと言ったことが広く報道されて有名になりました。ヒラメは、両目を頭部の左側に付けていて、海底で両目を上に向けて生活しています。「ヒラメ裁判官」とは、ヒラメのように上ばかり見ている裁判官を指します。

では、「ヒラメ裁判官」がなぜダメなのかという私なりの見解ですが、「ヒラメ裁判官」は、次のような思考回路で裁判をします。

まず、自分が担当する事案について、当事者の主張と証拠に基づいて事実認定をします。ここまでは変わりません。問題はここからです。「ヒラメ裁判官」

ちょっとひと言

ヒラメ裁判官　上級審の動向や裁判長の顔色ばかりうかがう「ヒラメ裁判官」がいると言われる。私はそんな人はいないと思うが、少なくとも全く歓迎しない。

は、まず過去の類似事案の上級審の判例を検索して探します。うまく見つかったと思ったら、それと同じように判決して「一件落着」、一丁上がりとして、処理件数を稼ぎます。

その何がいけないのかと思われるかも知れません。しかし、こんな仕事でいいのならば、何も難しい司法試験や司法修習を受ける必要はありません。今の生成ＡＩの方が、よほど迅速かつ正確な判断ができるでしょう。裁判官という職業は、ほかの仕事よりも真っ先に必要なくなります。

それに、全く同じ事件は二つとないはずです。類似判例の中には、よく見ると似て非なる事案のものもしばしばありますし、そもそも、判例は時代遅れとなって変更される可能性もあります。判例に従ってばかりいると、特に重要事件ではこのような誤りが頻発します。

◎憲法が期待する「良心的裁判官」

それでは、憲法は「ヒラメ裁判官」と異なる「良心的裁判官」にどういう仕事を期待しているのか、私の考えを分かりやすく、ハリウッドザコシショウのように誇張して開陳します。

先程の同じ例では、同様に事実認定をした上で、次のような順番で考えます。

① まず、仮に法律が無かったとしたら、どっちを勝たせるべき事案か、自分の良心で考える。
② その結論を法律に基づいてうまく説明できるか考える。できるならばそれで判決を書く。
③ 念のために、自分の法律論に反するような最高裁判例がないかを確認する。
ここで初めて上級審の判例が出てくるのです。「ヒラメ裁判官」の思考回路とどう違うか、お分かりいただけましたでしょうか。「ヒラメ裁判官」の第一の判断基準は上級審の判例であるのに対し、「良心的裁判官」が大切にするのは、まずは自分の良心なのです。

もしも、自分の結論が法律に基づいてうまく説明できない場合も、さらに検討を続けます。
④ 正しいと思う結論をうまく説明できないような法律は憲法違反ではないかと検討します。
⑤ 自分の法律論が判例違反となる場合は、判例変更を求めるべきではないかと検討します。
ここまでやれば、自分の良心を最大限貫いた「良心的裁判官」と誉めてよいでしょう。

突飛な事を言っているように思われるかも知れませんが、ここで憲法76条3項をもう一度読み直して下さい。すべて裁判官はそのようにせよと書いてあるのではありませんか。私は、文言と登場順番どおりの素直な解釈だと思います。裁判官が判断する際には、第一義的には自己の良心であって、法律はもとより、憲法でさえも「拘束」にすぎないのです。

憲法76条3項を分かりやすく書き換えるとすれば、むしろ、次のように書き換えるべきです。

「すべて裁判官は、その良心に従ひ独立してその職権を行う。
ただし、この憲法及び法律にのみ拘束される。」

ここで「拘束」というのは、言い換えれば「縛り」という意味です。麻雀をする人は分かるでしょうが、「リャンハン縛り」と言って、役が二つ以上ないと上がれない局面があります。私が作った都々逸に「一度でいいから　見てみたいもの　裁判官の　賭け麻雀」という自信作があるのですが、それはともかく、「縛り」というのはゲームのルール上の制約です。

◎このはしわたるべからず

ここで、分かりやすい例を挙げましょう。一休さんの頓智話の中で最も有名な話です。

橋のたもとに「このはしわたるべからず」と書かれた立札が立てられ、皆が困っています。通りかかった一休さんは、橋の真ん中ならいいと言って渡ってしまい、皆を感心させました。「はし」と書いてあるのは、ブリッジの「橋」ではなく、「端」っこの意味だというのです。「このはしわたるべからず」というのはお上の禁止法令ですから、これも一種の法律解釈です。

皆が困るような不合理なきまりを押し付けるのはおかしい。何とかならないかと解釈を工夫したのです。これが「ヒラメ裁判官」なら、渡っちゃダメに決まってます、だってお上がそう言っているから、すぐ隣の橋にも前に同じような立札が立っていたから、などというだけでしょう。一方「良心的裁判官」は自分の解釈の根拠を更にあれこれ考えます。例えば、

①　全面的に通行禁止ならば、橋の真ん中に立札を立てたはずなのに、端っこに立っている
②　全面的に通行禁止ならば、縄を張るなどして物理的に通行止めにしたはずだ
③　端だけは渡るなという場合も、例えば欄干が壊れかけていて危険だとかで十分あり得る
④　全面的に通行止めならば、漢字で「橋」と書いたはずだ

などという判決理由が考えられます。

私は更にもう一つ考え付きました。

⑤　「端」を漢字で書かなかったのは、小学生には読めない難しい漢字だからなのではないか。ブリッジの「橋」ならば、小学校3年生で習う漢字だから読めるはずで、漢字で書くだろう。ちなみに「端」っこの方は、中学校で習う漢字とされています。

屁理屈と思われるかも知れませんが、難しい裁判では、妥当な結論を正当化するために、これと同様、まるで頓智話のような解釈論を展開することもあります。

◎源頼家のケース

良心のない裁判をしたために権力の座を追われた反面教師の例も紹介しておきましょう。

現代でもそうですが、古代・中世・近世においても、裁判は政治の重要な一分野でした。例えば、鎌倉幕府の問注所という機関も、御家人どうしの領地争いなどを裁く裁判所です。

皆さんは、昨年の三谷幸喜脚本の大河ドラマ「鎌倉殿の13人」をご覧になりましたか。その中でも描かれていたシーンで、鎌倉幕府の歴史書である「吾妻鏡」にも書かれているエピソードですが、二代将軍・源頼家の失脚の原因となったとされる裁判をご存知でしょうか。ある時、頼家は、領地争いの裁判記録を全く読まずに、境界は俺が決めるから従えと言って、やおら振り下ろした筆で地図の真ん中に、何の根拠も無く線を引いたというのです。この一件で頼家は御家人たちの信頼を一挙に失い、権限を取り上げられ、修善寺に幽閉され、最後は暗殺されました。いい加減な裁判をすると、裁判官にとっても命取りになるのです。

◎「三権分立」における司法の位置づけ

さて、なぜ裁判官には「独立」した権限が与えられているのでしょうか。

私は、立法・行政・司法の三権分立に由来すると考えています。権力のチェックアンドバランスを働かせるためには、立法・行政・司法の三権を同じような仕組みにしてしまってはあまり意味がありません。同じような選挙制度を採用してしまっている衆議院と参議院の二院制について、よく不要論が浮上するのと同様です。

立法府すなわち国会の基本原理は、あくまでも「多数決」です。選挙で相対多数から選ばれた議員たちの多数派の意見で法律が作られます。行政府すなわち内閣や行政官庁の基本原理は、「上命下服」ないし「上意下達」です。

三権の序列を付けるとすれば、憲法41条の規定するとおり、国権の最高機関は国会です。行政は、法律に基づく行政、つまり国会が制定した法律を忠実に実行に移すのですから、国会より下位であることが明らかです。

内閣も国会の多数派が組閣する議院内閣制を採用していて、他国の大統領制とは違って、内閣総理大臣を国民の直接選挙で選ぶわけではないので、行政は立法よりも劣位です。

そして、司法は、日本国憲法下では行政訴訟も担当し、行政が法律に基づいて行われているかを監視する役割もありますから、行政より上位といえます。他方で、法律に拘束され、法律によって裁判をしなければならないので、普段は立法よりも下位です。もっとも、裁判所には違憲立法審査権という強力な権限があり、法律が憲法に違反すると判断すれば、その適用を拒否して無効化できますから、その場面では国会よりも上位ということになります。

◎裁判官の独立の意味

それでは立法府の「多数決」や行政府の「上命下服」と異なる司法府の基本原理は、どう設計されているか。日本国憲法は76条3項にあるように「独立」を基本原理としています。裁判では原則として1人の裁判官が判決をしますから、本質的に多数決には親しみません。難しい事件は合議事件となり、3人とか5人の裁判官が話し合って、意見が分かれれば多数決で結論を決めますが、あくまでも例外です。また、裁判をする際に、過去の判例を自分で調べるのは構いませんが、直接的に上級審の指示を事前に仰いではいけません。それどころか、所長や隣の部屋の裁判官と相談してもいけません。これが裁判官の「独立」です。

これによって、法律に不備があるような想定外の事案についても、その不備を補う妥当な判断が臨機応変にできますし、時には多数派による少数派に対する人権侵害を正すような思い切った判断をすることができます。


日本の裁判所は、優れた少数者が良心に基づいて裁判をすることに期待した「少数精鋭」主義と言ってもいいかも知れません。国によって違いますが、日本では、裁判官は優等生の仕事とされてきました。私はこれを「優等生司法」と呼んでいます。ただし、裁判官は単に頭がいいだけではなく、良心的な人でなければなりません。

◎裁判官の「良心」とは何か

それでは、裁判官の「良心」とは何か。

憲法76条3項の裁判官の「良心」という文言については、憲法学者の間でも長年論争が繰り広げられています。百家争鳴という感じですが、大雑把に分ければ、主観的良心説と客観的良心説の対立があります。ところで、憲法にはもう一か所「良心」という文言があるのはご存知でしょうか。憲法19条の「思想及び良心の自由は、これを侵してはならない。」という規定です。この条文でいう「良心」が、個々人それぞれの主観的なものであることは争いがありません。どこかの国のように、権力者が国民の心はこうあるべきだと勝手に決めて、押し付けた「良心」を指すものではないことが明らかです。

ところが、憲法76条3項の裁判官の「良心」については、なぜかこれと異なって、客観的な良心であると解釈するのが長年の多数説でした。その根拠としては、例えば、死刑廃止論者の裁判官が自己の良心に従って死刑判決を回避するのはおかしいという例がよく挙げられました。しかし、よくよく考えてみると、これは違うと思います。現に刑法に規定のある死刑を事案によっては適用しなければならないこと自体は、この「法律に拘束される」の方に含まれています。基本的に個々の裁判官の良心の範疇ではありません。

むしろ、不運にも死刑事案を担当することになった死刑廃止論者の裁判官は、次のように悩めばよいのです。私はテレビの歴史番組とクイズ番組が好きで、ほとんど見ていますが、イチ押しは、歴史クイズ番組とでもいうべき、NHKプレミアムの「英雄たちの選択」という番組です。今年のNHK大河ドラマはご当地の「どうする家康」ですが、家康が毎回、重大な局面で選択を迫られるというストーリーで展開しています。

死刑廃止論者の裁判官も同様に、こんな感じで選択を悩むことになります。

①　自分としては、死刑をなるべく避けたいが、法律に基づいてその判断を正当化できるか。確かに刑法では複数の殺人や強盗殺人であっても無期懲役を選択することはできるけれど、これだけ凶悪な事件では死刑を選択すべきだという最高裁判例もあるから、なかなか通りそうにない。

②　それならば、死刑を規定している現行刑法の規定を憲法違反とまでいえるか検討するか。過去に死刑を合憲とした最高裁判例はあるが、死刑廃止はもはや国際的な潮流だ。そろそろ判例変更を考えてもいいのではないか。

③　しかし、死刑廃止論は日本ではまだまだ少数派だ。時期尚早ではないか。選択が迫られる。

こうして悩んだ上で、結論と理由を決めればよいのです。

そのような究極の事案は、民事裁判官である私が担当することはありません。

◎民事裁判官の「良心」

しかし、少なからぬ民事事件では、どちらの結論でも判決は書けるということがあります。その際に働かせる私の「良心」がどのようなものか、この機会に披露させていただきます。なお、ここでいう「良心」とは、「思想及び良心の自由」にいう「思想」とは一応区別されるものであって、良識、道徳・倫理、あるいは信条というべきものです。

私の良心は、第一に「正直」、第二に「誠実」、第三に「勤勉」です。いわゆるサイコパス、つまり「良心をもたない人」、あるいは「こまった人」ではなく、「まともな人」であれば、順番はともかくとして項目には概ね賛同してもらえると思います。なぜならば、「良心」とはまさに、普通の人の良い心だからです。

私の良心の順位に従って、説明を補足します。

◎「正直」「誠実」「勤勉」

まず、第一に「正直」です。裁判である以上、裁判官の前で偽証する人を勝たせるわけにはいきませんし、「正直者が損をする」ような裁判は、すべきではないと思っています。

第二に「誠実」です。正直の反対は嘘つきに決まっていますが、誠実の反対語が何か、考えたことはありますか。もちろん「不誠実」でもいいのですが、分かりやすく言えば「ずる賢い」、三河弁では「こすい」という事だと思っています。「いいとこ取り」と言い換えてもいいでしょう。関西弁では「エエトコドリ」と言います。要するに、ある場面はこう言っていたのに、別の場面では違うことをもっともらしく述べて使い分け、常に自分が得をしようとする人。つまり、ダブル・スタンダード、まさに御都合主義です。高級行政官僚などにも珍しくないタイプなので、行政訴訟では要注意です。

そして、最後の第三に「勤勉」です。先輩弁護士任官者の年賀状に「汗水垂らして働く人が報われるような裁判をしましょう。」と書いてあって、この方は「良心的裁判官」なのだと感銘を受けたことがありました。ただし、私は、日本人の勤勉は美徳といっても、やや行き過ぎだと思っています。そのため、過労死や過労自殺は国際的にも異常な高水準となっています。勤勉さを誉めそやし過ぎず、1日8時間・週休2日の所定労働時間の範囲で、もらっている給料に見合った仕事をすれば十分だと思います。私が三番目に回しているのはそのためです。

ただ、裁判官も激務とされていて、なかなか手を抜けません。私も常に百数十件以上の事件を抱えていて、自宅に記録を持ち帰って夜間や休日に判決を書くことをゼロにするのは困難です。私も、横浜地裁の交通事故の損害賠償請求事件を集中して担当する部での一年目には、休日に自宅で座って判決を書く時間が長すぎて、片方のお尻に帯状疱疹を発症してしまい、後遺症の神経痛に十年以上経った今も苦しんでいます。

◎「良心」基準と大岡裁き

このような私の良心を具体例に適用するとどうなるかを有名な大岡裁きの例で説明します。

二人の女性が、互いに自分が母親だと言い張って可愛いらしい子どもを連れて来ました。大岡越前は「それなら二人で子どもの手を引っ張り合って決めるがいい」と言います。引っ張り合いが激しくなり子どもが痛がって泣き出すと、一方が手を離しました。すると、大岡越前は、手を放した方が本当の母親だと判断して勝訴させました。

私の先程の良心基準にこじつけると、次のようになります。

どちらが正直者か、それ自体が争点なので、第一の「正直」基準は当面役に立ちません。

第二の「誠実」基準からいうと、自分の可愛い子どもだと言いながら、泣き叫ぶ子どもを顧みなかった方は、極めて不誠実です。可愛いと言っていたのも、おそらく嘘でしょう。

第三の勤勉基準を適用して、綱引に勝ったことをポイントとして評価するとしても、総体としては、嘘つきを勝たせるわけにはいきません。2対1で、大岡裁きを支持することができます。

もっと言うならば、仮に実の親であったとしても、現代の児童虐待問題からすれば、泣き叫ぶ子どもの手を引き続き引っ張って暴力を加え続けるような親からは引き離すべきでしょう。

したがって、これは、どちらが実の親か否かに関係なく、正しい裁判です。

ただし、裁判官が嘘を言ってはいけません。大岡越前は、本物の綱引のように「引っ張り合いで勝った方が母親であると認定するぞよ」とは事前に一言も言っていないことにご注意下さい。名裁きが実は頓智話に近いということが分かっていただけると思います。

なお、ミニ知識を加えておくと、この名裁きは実は外国の話を輸入して大岡越前の手柄話にしたもののようです。大分地裁に赴任した時に見ましたが、大分には「西洋演劇発祥の地」という石碑があって、その絵になった劇では、これと同じ裁判をソロモン王が裁いています。

◎「近鉄・オリックス球団合併」事件から裁判官の良心を考える

せっかくですので、実際の裁判の例を取り上げましょう。私が主任裁判官として東京高裁で決定を書いた有名な事件に「正直・誠実・勤勉」という私の良心の基準を当てはめます。

2004年9月の大事件ですから、現役高校生は一番上の3年生であっても、まだお母さんのお腹の中に入ったかどうかという頃なので、記憶が無いと思いますが、私の同窓生はみんな記憶があると思います。プロ野球の「近鉄・オリックス球団合併」事件です。当時の古田敦也会長率いるプロ野球選手会が、球団合併に反対し、日本野球機構、最近は略称で「NPB」と呼ばれていますが、これを労働契約の使用者として相手取って、労働組合として団体交渉を申し入れました。しかし、NPBは、選手との間に労使関係は無く、選手会は労働組合ではないという理由で団体交渉権を否定してきたため、選手会は団体交渉の応諾を求める仮処分を東京地裁に申し立てました。これは、当時は全国民が成り行きを注視していた最重要事件で、かつ、

サンケイスポーツ　プロ野球　米大リーグ　7版　< 2 >

東京地裁 オリ近合併差し止め 仮処分申請却下

スト決行強まる

選手会側は即時抗告 東京高裁に

労組・日本プロ野球選手会と古田敦也会長らが、オリックスと近鉄の球団合併に反対し、特別委員会の招集などを日本プロ野球組織（NPB）に求めた仮処分申請で、東京地裁（土田昭彦裁判官）は3日、却下の決定をした。選手会側は不服として東京高裁に即時抗告。数日中に決定が出される見込みだが、これによってストライキ決行の可能性が高くなった。

数日中に決定

土田裁判官は決定理由で「球団統合の承認は特別委の議決事項に当たらず、議決を経ない営業譲渡契約が無効とはいえない」と指摘。「両球団の選手契約は統合後の球団と他球団に引き継がれると、12球団が合意している」として、仮処分の必要性はないと結論づけた。この決定を受け、NPBが6日に開く臨時実行委員会で合併を承認することは確実になった。

選手会側は8月27日、特別委の議決なしに合併を進めるのは不当だとして、NPBを相手取り仮処分を申請。仮処分の審尋で地裁側から要請を受け、NPB側は承認手続きを延期していた。

選手会は却下決定を受け、見解を書面で出した。松原徹事務局長は「引き続きあらゆる方法で早急な球団数の削減、1リーグ化を阻止するために全力を尽くす」とコメント。しかし、一方で大阪地裁に近鉄本社の株主が起こした合併差し止めの申請も却下された。

選手会は議決への参加の道が事実上なくなったことで、抗告の決定内容次第でストライキに突入する可能性がさらに高まった。

6日実行委、8日オーナー会議で合併承認へ

◆オリックス・小泉隆司球団社長　「心配だった。妥当な判断をしていただいて、ホッとしている。6日の実行委員会、8日のオーナー会議で（合併の）承認をいただけたらと思っている」

◆近鉄・小林哲也球団社長　「妥当な判断をいただいた。（選手会が即時抗告したが）基本的にはわれわれの方（の主張）を認めるという判断は下っているわけだから（合併承認の）妨げにはならないと理解している」

◆豊蔵一セ・リーグ会長　「わたしたちの主張が認められよかった。6日の実行委ではオリックス、近鉄両球団の統合の案件も審議していただけると思う。選手会側が異議を申し立てても、一応の決定が出たので、これに従っていける。ストはお客さんにも迷惑をかけるので、差し控えてほしい」

◆小池唯夫パ・リーグ会長　「どんな形であろうとも司法の判断を尊重するつもりでいました。その点ではわれわれの主張が認められたのは大変、結構なこと。選手会とは良く話し合って、円満に解決しなければならないと思う」

古田「あきらめない」

◆…労組日本プロ野球選手会会長のヤクルト・古田敦也会長（39）は、東京地裁への仮処分申請が却下されたことに「結果は聞いたが、内容は聞いていない」とコメントを避けた。東京高裁に即時抗告したことにも「それならそうなんじゃないですか」と話すにとどまった。今回の地裁の判断で6日の臨時実行委ではオリックスと近鉄の球団合併が承認される見通しだが「われわれはあきらめるつもりはない。ファンに失望感を与えないよう、できる限りのことをしたい」と強調した。

◆労組プロ野球選手会副会長の中日・立浪　「ボクらは（経営者側と）話し合いたいのに、機会を失った。できることならストは避けたいが、6日の会議で話し合うことになる」

苦しい選手会

選手会は、これから短期間で難しい判断を迫られる。数日中に東京高裁の判断が下される見込みだが、「覆る可能性は極めて低い」との見方が有力で形勢不利。再度却下されれば、選手会の言い分が理にかなっていないものとしてみられ、これまで後ろ盾となっていたファンの反応も微妙に変化する可能性も…。また、ある球界関係者は「労働法では当該球団以外は同情ストに当たり、違法ではないかという声もある」と指摘。選手会が厳しい立場に立たされたことは間違いない。

仮処分申請が却下された選手会会長のヤクルト・古田は表情を曇らせた（撮影・斎藤浩一）

仮処分

通常の民事訴訟においては、判決の確定や和解までに時間がかかってしまうので、現在の権利を守るために、訴訟上の解決や強制執行が可能となるまでの期間、暫定的に行われる裁判上の手続き。現状の変更によって権利が実行できなくなったり、著しく困難になるおそれがあると判断された場合に、裁判所から発令される。決定について不服があれば保全異議を申し立てることができる。

特別委員会

野球協約第19条は、実行委員会の審議事項で、選手契約に関係ある事項については特別委員会の議決を経て、これを実行委員会に上程すると定めている。セ、パ両リーグの会長、両リーグの球団代表各2、選手代表各2の計10人で構成。議長は実行委員会の議長が務め、議長が必要と認めたときに随時招集される。議案の可決には、出席者の4分の3以上の賛成が必要となる。

「もう一つの合併」成立しパが4球団になった場合 根来コミッショナー私案提出へ

◆…根来コミッショナーは3日、オリックスと近鉄に次ぐ「もう一つの合併」が成立し、パ・リーグが4球団になった場合、来季のリーグ運営方法について複数の私案を6日の臨時実行委員会と8日に行われる臨時オーナー会議に提案する考えがあることを示した。具体的な内容こそ明かさなかったが「1リーグという考え方も当然あるし、2リーグの選択肢の中にもいろいろな組み合わせもある」と語った。また、巨人がパに移籍する可能性については「具体的に巨人が行くとか、そういうことは考えていません」と現状で私案の中にはないことを明かした。

巨人案は「仮定」 豊蔵セ会長

◆…セ・リーグの豊蔵一会長は都内のセ連盟事務局で巨人のパ移籍案について、「（もう一組の合併が前提で）仮定の話に答えるわけにはいかない」との姿勢を示した上で、「球界全体の問題ではあるし、（移籍案を）研究したい」との見通しを語った。

「パ移籍」発言 Gナイン動揺なし!?

◆…パの小池会長が渡辺前オーナーから巨人のパ移籍案を伝えられていたと明かしたことに対し、巨人ナインに動揺はなかった。「巨人が歴史上、人気や実力があっても12分の1には変わりないし、ウチが中心と思ってはいけない。謙虚な気持ちを忘れてはいけない」と仁志。視聴率低下などに表れる最近の〝巨人離れ〟に相当な危機感を抱いているようだった。

◆選手会長の巨人・高橋由　「（パ・リーグ移籍と）いきなり言われても…」

◆労組日本プロ野球選手会副会長の巨人・小久保　「それについては何ともいえない」

高橋由「いきなり言われても…」

◆横浜・峰岸進球団社長（62）　「（巨人のパ移籍発言にも）横浜としては動じない。俺（横浜）もパに行くかもしれないよ。このままならみんな潰れてしまうんだから、みんなが入れてくれと言ったらどうするのか」

西武、ハムは歓迎

◆西武・星野好男球団代表　「巨人の前オーナーの言われていることに、われわれは何も言うことはない。ただ、セ6、パ5なら難しいが、セ5、パ5ならいろんなやり方がある。（選手会の仮処分申請却下については）司法の判断に委ねられたわけで、今回の結果を真摯（しんし）に受け止めるべき」

◆日本ハム・今村純二球団社長　「渡辺サンは球界のことを本当に勉強していらっしゃる。（巨人のパ・リーグ入りが）決まったわけじゃないが、そうなればリーグの発展になる。北海道にとっても、変わったカードが見られるのはいいことだと思う」

サンケイスポーツ2004年9月4日

デイリー DAILY SPORTS

スト なら 損害賠償

「選手に請求」横浜が見解

1億数千万円払え

11、12日の横浜VS阪神戦

峰岸社長「労組として認められない」

日本プロ野球組織（NPB）は6日に行われる臨時実行委員会で、選手会がストライキ権を行使した場合、選手の賃金カットだけでなく、損害賠償請求訴訟の可能性を検討する。実行委員会では東京地裁が選手会の仮処分申請を却下したことを受け、近鉄とオリックスの合併を承認する予定。また、選手会側は、神戸市内のホテルで12球団の選手会長、役員らが出席し臨時運営委員会を開き、ストライキを実施するかどうかも含めて細かく協議する。（2面にも球界関係記事）

選手会の団体交渉権認める

3日の東京地裁 ★決定要旨★

解説

「二重構造」が招く主張の食い違い

選手の責任追及

デイリースポーツ2004年９月６日

先例も判例もない大変な難事件です。一審は、選手会の申立てを却下しました。そして、選手会の即時抗告を受けて、たまたま私が東京高裁の主任裁判官になったのです。

◎「正直」基準

さて、まず「正直」基準ではどうか。この紛争は、労働者の労働三権と経営者の経営権

サンケイスポーツ2004年9月8日

の正面からの本音のぶつかり合いです。選手側としては、2球団が1球団に統合されれば、1球団分の選手が大量解雇されることになります。さらに、球団経営者側は、現行の2リーグ12球団から、もう一組の合併を成立させて、1リーグ10球団に縮小しようという方向で動いていました。ただし、どちらかが嘘つきというわけではありません。したがって、双方が正直なので、1回の表と裏が終わって、1対1の同点です。

◎「誠実」基準

次に「誠実」基準ではどうか。選手会は、「1リーグ化阻止」を掲げて野球ファンをはじめとする世論に訴えました。選手会長の古田選手は、朝日新聞の「論壇」にも投稿して国民に支持を訴えました。彼は既に高年俸を得ている名選手で、普通の労働者とは言えないと経営側から攻撃されていましたが、それでも、選手全体と野球ファンのために、我が身を犠牲にして先頭に立って闘っていました。非常に誠実で立派な振舞いです。人として尊敬に値すると、それまでの推移を見守りながら、一人のプロ野球ファンとして思っていました。

対して、経営者は何と言ったか。巨人のオーナーの渡辺恒雄、人呼んで「ナベツネ」氏は、直接会って話合いをしたいと求めていた古田会長に対し、「たかが選手が。馬鹿言っちゃいかんよ。」と暴言を吐いたのです。普段は選手たちに大儲けさせてもらっているにもかかわらず、鼻で笑って馬鹿にしたのです。この失言で世論は憤激し、形勢は選手会側に大きく傾きました。2回が終わって、2対1と選手会のリードです。

◎「勤勉」基準

最後に「勤勉」基準ではどうか。これは決定後のエピソードになりますが、古田選手は、その後の交渉で、選手会長であるにもかかわらず途中で退席したことがありました。どこへ行ったかというと、球場へ直行し、代打として試合に途中出場したのです。両球団のファンの観衆から大喝采を浴びました。プロ野球史に残る名シーンだと思いますが、プロ野球選手はこれほどまでに勤勉なのかと私は驚愕しました。

片や、NPB側はどうか。当時のコミッショナーは元検事総長でした。なぜ法律家が就任しているかというと、原因は1978年11月のプロ野球ドラフト会議の前日の事件で、同窓生の皆さんは、高校1年生当時の大事件だったので、よく覚えていると思います。いわゆる「空白の一日」で有名な「江川事件」です。この事件の処理を失敗して辞任した当時の会長が「後任者には法律家を」と言い残したのが、慣例化していたのです。それにもかかわらず、検事総長上がりの会長は「私には権限が無い」と言って、事態の解決のために何もしませんでした。「勤勉」基準では、逆に怠慢と言うほかありません。

したがって、この試合は、選手会を3対1で勝たせるのが正義に適う事件と思われました。私たちも、一審の決定理由を覆して、選手会の団体交渉権を明確に認める決定をしました。その決定後、団体交渉が一時的に行き詰り、選手会は史上初のストライキをして、それこそクライマックスを迎えたのですが、最終的には、妥協が成立し、近鉄のオリックスへの合併を受け入れる代わりに、新球団の参入、結果的には楽天球団の参入を認めさせて、2リーグ12球団制を存続させるという大成果を挙げ、そのまま現在に至っています。

そのため、今も行われているプロ野球日本シリーズが見られることと、東北に楽天球団ができたのは、私たちのおかげだと密かに自負してきました。私は、中日に加えて、球団結成時からの東北楽天ファンになりました。球場でプロ野球観戦をするたびに幸福感に浸っています。良い裁判をすると、とても気分爽快なのです。

◎AIと裁判

良心的裁判官は、このように、良い裁判をしたいと思って、訴訟指揮権を駆使し、それなりに時間もかけて、原告と被告に働きかけます。審理の進め方によっては、勝ち負けが途中で逆転する例も珍しくありません。裁判はとにかく早ければいいというものではないのです。

　裁判をゲームに例える人が多いのですが、それならば、裁判官も第三のプレーヤーです。良心的裁判官は、「この憲法及び法律にのみ拘束される」という憲法76条3項のルールの範囲内で、良い裁判をしようと全力でプレーするのです。

　AＩに裁判官の代わりができない理由は、ここにもあります。裁判が二者のプレーヤーの勝ち負けの判定だけであれば、それは一種の計算問題に帰着するので、AＩで代替可能です。しかし、プレーヤーが3人となると、もはや計算では解けません。皆さんは物理学の「三体問題」というのをご存知でしょうか。例えば、太陽と地球のような2個の物体だけがあったとすれば、それぞれの質量とその間の距離が示されれば、「万有引力の法則」によって互いに及ぼす力が計算でき、最初に進んでいた方向と速度から、一定時間後のそれぞれの位置や軌道を計算で出すことができます。太陽と地球であれば、「ケプラーの第一法則」により、地球は太陽を二つの焦点のうち一つとする楕円軌道を回っています。ところが、同じくらいの質量の物体が3個になると、方程式を立てることができますが、複雑に絡み合って、いわば堂々巡りになるので、スーパーコンピューターでも解くことはできず、それぞれが予測不能な無軌道な動きをするカオス状態になるそうです。これと同じことで、三者による綱引の結果は、単純計算では求めることができません。したがって、裁判も計算ではできないのです。このように、「公正らしさ」を保つため、なるべく2人の綱引の様に見せかけながら、時間をかけて上手に、本来勝つべき方を勝たせようと努力するのが良心的裁判官です。

◎最高裁判所裁判官の良心

最後に残り時間の範囲で、現在の最高裁裁判官の良心はどんなものか、という問題に言及したいと思います。

最高裁に係属する注目裁判についてお話しします。近い将来、必ず最高裁判決が出て大きく報道されますし、下級審と異なって、最高裁裁判官の国民審査のために、裁判官一人一人の意見も判決文に示されますので、今の最高裁裁判官たちの良心とはどのようなものか、また、それは一国民として賛同できるものかどうか、そういう基準であれば、詳しい法律知識など無くても判断できるはずです。来たるべき衆議院総選挙の際に行われる国民審査では、皆さんの良心を働かせて最高裁裁判官の評価をしていただきたいと思います。

◎旧優生保護法国家賠償事件

最高裁係属中の注目事案としては、まず、「旧優生保護法による不妊手術を受けた原告たちの国家賠償請求訴訟」です。被告国は手術から20年以上を経過していることを理由に、時効と同様の「除斥期間」というものを主張して、請求棄却を求めてきました。不法行為には20年の除斥期間を適用して、具体的な事案の内容いかんを問わず請求棄却の判決をしてシャットアウトすべきという法律論は、既に最高裁判例になっていますから、これに従って請求棄却判決をする方が、素直ではあるし、とても簡単です。

しかし、これまで半分くらいの高裁と地裁判決は、20年の除斥期間の起算点を手術よりもずっと後にずらすなどして、国家賠償を命じました。良心的裁判官たちが、これは何としてでも救済しなければいけない事案だと考えて、そのための法律論をそれぞれ考え出したものなので、原告勝訴判決の間でも理由付けはそれぞれ異なっています。

このように下級審判決が分かれることは、裁判官の「独立」が健全に機能している現れなので、大変結構なことです。こうなった場合に、統一的判断を示すのが最高裁の重要な役割なのですが、果たして、最高裁はどちらの方向で統一するか、これはまさに担当する最高裁裁判官の個々人の良心の問題だと思います。

◎同性婚訴訟

次に、近く最高裁に係属すると思われる「同性婚訴訟」です。男性同士・女性同士の結婚を認めていない現行民法・戸籍法が、憲法違反かどうかという大問題です。これまでの一審判決は、合憲・違憲状態・違憲と分かれています。よく目にする衆議院・参議院選挙の「一票の格差」の違憲訴訟と同じような判断の分かれ方です。既に先進諸国では同性婚を認める方向で法律改正が進んでいますし、アメリカでも、保守派が過半数を占めるに至っている連邦最高裁でさえも違憲判決を出したことにより、同性婚は認められました。さて、日本の最高裁裁判官たちは、過去に最高裁判例が皆無のこの問題をどう考えるのか、良心が問われます。

◎夫婦別姓訴訟

もう一つは、懸案の夫婦別姓訴訟です。これは「別姓婚訴訟」と呼ぶこともできるので、先程の「同性婚訴訟」と紛らわしいのですが、一応は別の問題です。最高裁は大法廷で過去２回、夫婦別姓を認めない現行民法について合憲判決をしてきました。しかし、その間に社会の意識の方がどんどん変化していて、世論調査をすると別姓婚賛成の方が上回っています。同じ民法の婚姻の規定の中では、かつて、婚姻届を出していない男女間の非嫡出子の相続分が嫡出子の半分とされていた民法の規定について、合憲判決を複数回繰り返した後に、違憲判決に判例変更した例がありました。夫婦別姓についても、国会の多数派、取り分け極端な保守派が強硬に反対しているために法律改正が進まない現状を是認し続けるのか。おそらく次回の裁判では、最高裁裁判官たちも決断を迫られるのではないでしょうか。

最高裁にも、政権の意向ばかり忖度する「ヒラメ裁判官」は要らないと思われます。

◎被選挙権の年齢制限

それから、後輩を含む若者たちに注目してもらいたい裁判をもう一つ紹介しておきます。最近、全国の若者たちが、現行公職選挙法の被選挙権の年齢制限が憲法違反だと主張して、一斉提訴したのをご存知ですか。選挙権は成人年齢の引下げと同様に20歳から18歳に引き下げられたばかりで、今では高校3年生も誕生日が来れば有権者になるのですが、被選挙権すなわち立候補する資格の方は、依然として選挙によって25歳又は30歳に固定されています。それはおかしいのではないかというのが彼らの主張です。これは全く新しい問題提起なので、まだ最高裁判例もありませんし、一・二審判決もまだこれからです。いずれ、最高裁裁判官の見識が正面から問われることになるでしょう。

私は地方の一裁判長に過ぎず、退官まで残された年数もわずかとなりましたが、今後とも良心を貫き、更に磨いて、良い判決をし続けて、残りの任務を全うしたいと思っています。

私がどんな判決をしてきたかは、私の名前と裁判所名で検索していただければ、十件前後は出て来ると思います。今後もたまには、「竹内判決」がニュースになることがあるかも知れません。

ただ、私の見たところでは、良心的裁判官は、裁判官全体からすると一部にすぎません。そのため、裁判所は外部から厳しい批判を浴びがちです。

皆さんは、その中でも良心的裁判官をよく見極めて、温かく見守ってあげて下さい。

◎基本的人権を擁護し、社会正義を実現すること

また、法律家に良心が必要なのは、検察官や弁護士も同様です。

検察官の良心は、憲法や法律には書いてありませんが、かつての検事総長がおっしゃっていた「巨悪を眠らせない」「被害者と共に泣く」こととともに、「無辜を罰しない」ことでしょうか。

弁護士は、憲法に出て来るほとんど唯一の、公務員ではない職業です。弁護士の良心については、弁護士法1条1項に明文で書いてあります。

「弁護士は、基本的人権を擁護し、社会正義を実現することを使命とする。」

と規定されていて、とても格調の高い条文です。私もこれに憧れて弁護士になりました。間違っても、「弁護士は、依頼者の権利を擁護することを使命とする。」ではないことにご注意下さい。

弁護士法1条1項の前段の「基本的人権の擁護」とは、憲法上の権利を侵害された依頼者を含めて、勝つべき事件は勝ちなさいと言っているのだと思います。他方で、後段の「社会正義の実現」は、勝つことばかりが仕事ではないということも含んでいるように思います。もしも、社会的強者の側の弁護をすることがあったとしても、なりふり構わずに勝とうとするばかりでなく、依頼者の顔を立てつつも、社会的に落ち着きのいい正しい解決に導くようにしなさいと言っているのではないでしょうか。

実は、今日のお話の内容は、私がこれまで地裁の裁判長として、民事裁判の修習を始める司法修習生たちに「部長講話」としてお話ししてきたものと同じです。所長を含め、ほかの裁判官がたぶん絶対に言わないような内容ですが、「それならば私も裁判官をやってみよう」とか「私はぜひ良心的な検察官や弁護士になろう」とか、嬉しい決意してくれた司法修習生も相当数います。

後輩の若者たちは、ぜひ良心的裁判官、あるいは検察官や弁護士を含めた良心的法律家を一つの進路として考えてほしいと願っています。

高校の普段の授業と同じくらいの長時間にわたって、ご清聴ありがとうございました。

２０２３年10月29日　時習館高校１３０周年記念講演会ＹｏｕＴｕｂｅ

コラム1「どっちが悪いと思う?」

私には小学校入学前の事はほとんど記憶にないが、一つだけ鮮明に覚えている出来事がある。保育園の庭で遊んでいたある日、女の子二人が泣きながら連れ立って、私の前にやって来て、いきなり尋ねられた。

「ねえ。どっちが悪いと思う?」

要するに、二人の喧嘩の原因を話すから、どちらに非があるか、私に判定してほしいというのだ。そんなこと言われても。どう答えをはぐらかしたかは、全く記憶にない。

このエピソードが忘れられないのは、これこそが日本の裁判官の姿なのではないかと思われるからである。自慢ではないが、私は子どもの頃から、普通より頭が良く、悪さをしない子と周囲に思われていた。日本の裁判官も同様に、学業優秀で難関の司法試験に合格し、司法研修所でも優秀と認められた者が任官を勧誘され、若くしてキャリア裁判官になるというシステムが基本的に続いている。私はこれを「優等生司法」と呼ぶことにしている。裁判官は優等生であるばかりではなく、公私ともに非の打ち所がないような生活態度を期待される。もちろん、そんな完璧な人間はいないので、なるべく弱点を見せないように、世間との接触を避けるようになる。ひいては「世間知らず」の裁判官と決め付けられるという憂き目にあう。

これからの世の中、こんな裁判官像を墨守し続けていいのだろうか。裁判官は「変人」ないしは「変わり者」あるいは「面白い人」ではいけないのか。例えば岡口裁判官に対して苛烈な批判を浴びせがちの一方の国民にも落ち着いて考えてほしいところだ。

ちなみに私は、型破りを理想とし、社会に関心を抱いたらどこにでも出向くという、忍者や「遠山の金さん」のような「神出鬼没」を座右の銘にしつつ、問題に気付いたならば忖度なく物言いを付ける「モノ言う裁判官」を目指すことにしている。

コラム2 「君は優しいから」

自分で言うのも何だが、私は小学生当時から「孤高」の人だった。口数が少なく、友達はほとんどいなかった。運動も苦手だったが、勉強の成績だけは良かったため、仲間外れにされていじめられることもなかった。良く言えば「一目置かれている」、悪く言えば「距離を置かれている」感じだった。いじめられている子を助けに入るほどの勇気はなかったが、いじめる側に加わることも決してなかった。ある時、クラスで自作の工作を交換することになり、なぜか仲間外れにされていた女の子と交換に応じてあげたら、それだけで泣いて感謝された経験がある。

そんな私にも、中学生のごく一時期だけだが、空前の「モテ期」があった。二人の女の子がこんな私を気に入って、チヤホヤしてくれたのである。初心な私はどう対応していいか分からず、なぜか当時は女の子みたいにきれいだと言われていた髪の毛を触られまくっていた。

ある日、私を前にして、その一人がもう一人の子に尋ねた。

「浩史君のどこが好きなの?」

彼女の答えは、私の予想外のものだった。

「だって、優しいもん。」

頭がいいからとか、ましてや学校の成績がいいからではなかったのだ。私は初めて、自分の長所を教えてもらった。彼女には机が隣同士になった時に勉強を教えあったりしたが、私は人生で最も大切な事を教えてもらったと感謝している。

卒業式の直前の寄せ書きでは、「君は弱い人たちの味方になってあげて」と書いてくれて、嬉しかった。同級生だけど、私の恩師と思っている。これが初恋だったかも知れない。

私は、この言葉を胸に抱いて、弁護士・裁判官として仕事をしてきたつもりだ。

第2章

裁判官とは何か

1　裁判官は「人」である

当たり前と思われるかも知れないが、かつて岩瀬達哉『裁判官も人である』（講談社、2020）という名著があった。日本裁判官ネットワークでは瀬木比呂志『絶望の裁判所』（講談社、2014）に対抗して『希望の裁判所』（LABO、2016）を発刊したのだが、これに対応させると「裁判官は人でなし」になってしまう。

実際に、裁判官が同じ一人の人間として意識されているかどうか、疑問に感じる場面は少なくない。人間としての処理能力、キャパシティを度外視して、大量の証拠書類を提出してくる弁護士も同様である。裁判官は、大量の情報を処理するAIではないし、チャットGPTの類でもない。

裁判官の側にも責任があろう。裁判官は、日本全国で約三千人しかいない。人口の約0・003％という希少職種である。にもかかわらず、外で積極的に社会と交際しないから、法律家ではない一般国民の多くは、裁判官の実物を見たことはないだろう。せいぜい、テレビのニュースの判決報道で、壇上で微動だにしない姿を見たことがあるくらいである。

しかし、裁判官も人である。人並みに良心もあるし、個性もある。およそ今の裁判官はけしからんなどと、十把ひとからげに批判されて、悲しい思いをしている裁判官も少なくない。

2　裁判官は「日本人」である

日本の裁判所の裁判官は、例外なく日本人である。

私も当たり前のように思っていたが、ついこの前までは、中国に返還された香港では、外国人裁判官も活躍していたという。

公務員は日本人でなければならないという具体的な法律は見当たらないが、最高裁判例は、これを「当然の法理」として、東京都の管理職試験の受験資格を在日韓国人に認めなかった。裁判所の調停委員についても、外国籍の弁護士の任命を頑なに拒んで、日弁連などから厳しく批判されている。

私が憧れているのは、先進諸外国の最高裁（憲法裁）の在り方である。例えば、アメリカ連邦最高裁の少し前までの判決には、読んでいて心洗われる思いがするものが多い。

日本の裁判に、在日外国人の人権感覚を取り入れなくてよいのか、少数者である彼らの人権保障の必要性を超えて、思いを致すべきである。

3 裁判官は「優等生」である

日本の裁判官は、難しい司法試験に合格し、司法修習や二回試験(司法研修所の卒業試験)を優秀な成績で終えた若者から、最高裁が採用してきた。いわゆる「キャリア裁判官」である。

裁判官は、学生時代の優等生生活の延長で、記録を読んで事件の予習をし、尋問で授業を聞き、最終準備書面を読んで復習し、試験の答案つまり判決を書くという日常を繰り返していると例えてもよい。学生と違うところは、裁判官は試験答案の提出期限(判決言渡し日)を自分で決め、間に合わなければ変更できるということくらいだろう。ただし、予習をしすぎると、分かり切った内容の詰まらない授業は眠くなってしまう。だから、私はせっかくの尋問期日直前には、陳述書に目を通すだけにして、なるべく記録全体の読み直しはしないことにしている。そして、裁判官の夏休みは子ども並みに長い。全国一律で通算3週間、夏季特別休暇・年休消化・自宅調査日(いわゆる「宅調」)という名目で、登庁しないことができる。とはいえ、多くの裁判官は、記録を自宅に持ち帰り、その前後に消化しきれなかった判決起案、特に重大事件の長大な判決に取り組むことになる。これなどは、「夏休みの宿題」を彷彿させる。優等生の子どもがやっていることと実質的には変わらない。

このように社会経験に乏しい若者が裁判官になって一生続けるという制度は、当然のものではない。先進国では、法曹一元と言って、一定年数の弁護士活動を評価されて裁判官に就任するという制度を採用する国が多い。お隣の韓国でさえ、キャリア裁判官制度から法曹一元制度に移行しており、日本はまた追い越されてしまった。私たちのような弁護士任官者は、このところ毎年、一桁の下の方、つまりわずか数人以下しか採用されておらず、約三千人の現職裁判官の中では、私を含め数十人程度しかいない少数民族、絶滅危惧種である。法曹一元に近づくどころか、むしろ遠ざかっている。

それ以前に、裁判官の制度は国によって全く異なる。例えば、アメリカの一部の州のように、選挙で選ばれる裁判官もいる。

裁判官集団も日本人の真部分集合にほかならないから、その特徴は日本人の特徴そのものである。優等生であるが故に、その傾向が顕著に現れることがあるだけだ。かつて、日本とドイツの裁判官の違いを批判した映画「日独裁判官物語」もあって、弁護士当時は共感したものだが、よく考えて見ると、日本人がドイツ人の裁判官を求めても無理がある。職場で自由に政治の話をできなくなっているのは、大なり小なり民間企業でも同様ではないか。まず日本人全体の意識が変わらなければ、裁判官が浮いてしまうだけだろう。

それにしても、日本のような「優等生司法」を続けていいのかどうか、裁判官の頭のよさよりも「良心」を大切にする私の立場からは、そろそろ考えどころだと思っている。

4 裁判官は「馬鹿」はできない

裁判官は「馬鹿ではできない」ではない。日本の裁判官は、常に謹厳実直を求められており、「裁判官らしくない」行為は厳に戒められている。裁判官には「品位保持義務」があるとされており、「職務の内外を問わず、裁判官としての威信を著しく失うべき非行」（裁判官弾劾法2条2号）があったとされれば、弾劾裁判により罷免され、法曹界から最低5年間追放される。「著しく」ないとしても、「非行」があったとされれば、最高裁や高裁の分限裁判による過料又は戒告の処分を受ける。

SNSについても、裁判官弾劾裁判にまでかけられてしまった岡口基一裁判官だけでなく、ブログ「弁護士任官どどいつ」を実名で20年間近くほぼ毎日続けている私も異端視されているようだ。しかし、私のブログは、実は、東京地裁で奨励されて始めたものである。正確には、当時、裁判所共済組合の取組みで受講料の援助を受けて、「ブログを始めよう」という講座に他の職員と共に参加した。その場で立ち上げたのが私のブログである。趣味の都々逸を毎日一首作って、投稿することを目標に続けてきた。岡口事件に象徴されるように、最近また窮屈になりつつある裁判所にも、かつてはそういう明るさが見えた時期もあったのである。

もう一つ、印象的なやり取りを経験した。私はクイズ番組ファンで、弁護士任官の前年には児玉清司会の「パネルクイズアタック25」の名古屋予選を通過して、本番に出場している。裁判官としてのクイズ番組出場を任官時に公約してしまったので、その話を東京高裁でしたところ、「出るなら全問正解しなきゃ」と半分冗談で言われてしまった。確かに、あまりに物を知らないのでは、やっぱり裁判官は世間知らずだと思われかねないし、法律問題を誤答したりすれば致命傷だ。世間は、裁判官は六法全書を丸暗記していると思っているかも知れない。

しかし、私は「裁判官は馬鹿をやっちゃいけないのですか」と問い返した。岡口事件、中でもSMの女王に縛られた写真をSNSに掲載した件に対する非難に鑑みて、その疑問を抱き続けている。

結局、その後、大分地裁勤務当時に再び「アタック25」の大分予選を通過して、出場する気満々だったのだが、あいにく収録日を夏季休廷期間に合わせてもらえず、その後、所長と対立して、収録日を休廷にしてまで出場することは控えざるを得なくなった。

気を取り直して、最近また、退官までの残りわずかな期間に公約を果たすため、一般参加のクイズ番組の出場申込をするようになった。早押しクイズは年を取って知っているはずの固有名詞がすぐに思い出せなくなったため難しいが、最近は、「アタック25ｎｅｘｔ」以外にも、「東大王」や「小学5年生より賢いの?」なども、一般参加者に門戸を開いているので、出場のチャンスはまだありそうだ。

5　裁判官には「親族」が多い

弁護士任官して驚いたのは、裁判官同士の親類縁者が実に多いと知ったことである。

珍しい高貴な名字の明らかな名家の出身者同士であれば、一目瞭然で推測できるのだが、最近は、裁判所でも婚姻後も旧姓の通称使用がほぼ認められていることもあって、氏名だけでは気が付かない。ここは、キャリア裁判官の間では、それまでの見聞で大体知られているようだが、門外漢の弁護士任官者にとっては鬼門である。会話の中で、そこにいない裁判官の批評も迂闊にはできない。目の前の裁判官が親族かも知れないからである。

私が最も驚いたのは、弁護士任官して初任の東京高裁に着任した直後、かつて裁判官弾劾裁判により罷免され、刑事事件で収監もされた有名な元判事補の弟さんが、裁判長を務めていることだった。もちろん、兄の罪を背負う必要はないので、それでよいのだが、その兄は法曹資格回復後、私の出身である愛知県の弁護士会に繰り返し弁護士登録を申請し、裁判に訴えて敗訴判決を重ねていたので、よく知っていた。彼の悪口も東京高裁では控えなければならないことになる。

それはさておき、裁判官が裁判官の子どもという例は最近目立つように思う。かつての寺田治郎最高裁長官の息子さんも最高裁長官になったのが代表格であるが、数えれば一体何組あるのか分からない。

裁判官は、政治家とは違って、親から地盤を譲ってもらって選挙で楽勝したわけではなく、普通に司法試験を受け、司法修習で優秀な成績を修めて採用されているのだから、「世襲」非難は当たらない。弁護士の世界でも同様のことはいくらでも起こっている。

その原因は、おそらく、裁判官という仕事の魅力は、家庭の中で、書斎に籠って悩みながら判決を一生懸命書いている親の姿を見ていた息子・娘にしか伝わっていないのだろうと思う。

裁判所と家庭だけに籠らないで、もっと率直に裁判官の仕事の魅力を、課題も含めて広く伝えた方が、裁判官を目指してくれる若者は増えるのではないだろうか。私がこの本を書くことにしたのも、その思いからである。

6 裁判官は「良心」的であるべき

裁判官の必須の条件は「良心」である。憲法76条3項にもそう書いてあると読める。正しい結論に導ける良識があるならば、審理の仕方や判決の書き方はそれぞれでよく、民事訴訟法の規定する範囲であれば、何ら制約はない。

現在も、判決をいかに要領よく、短く書くかという検討が、大阪高裁の裁判官を中心に続けられている。

かつて、所長から「判決が短すぎる」と批判されて、再任拒否に追い込まれた裁判官がいた。それは、判決理由が短いことが問題なのではなく、判決主文が間違っているのであろう。そもそも、判決を短くして楽をするために、理由を短くしやすい結論を選ぶようでは、裁判官失格である。

一般に、原告の請求を棄却する方が、判決は簡単である。なぜなら、要件事実といって、原告の主張する請求原因事実のうち一つを否定するか、被告の主張する抗弁事実のうち一つを認めれば、その一点の判断だけで必要十分だからである。例えば、不法行為に基づく原告の損害賠償請求に対し、請求原因事実の認定を省略し、提訴が遅いことだけを理由に時効や除斥期間の適用をして請求を棄却すれば、判決理由は最短となる。難しい事件で楽をしようとすると、こうして無理に請求棄却に持ち込むことになりがちである。

しかし、逆に、判決主文に影響しない争点は、判決理由で一切言及してはならないなどというルールも存在しない。例えば、一時期、多数係属した戦後補償裁判は、基本的には時効や除斥期間だけで請求棄却することが可能な事案であった。しかし、数多くの下級審判決は、理由中で原告の主張事実を認定している。これも禁じられているわけではなく、かと言って義務付けられているわけではない。要は、事案に即した裁判官の裁量であり、たとえ結論が同じ請求棄却であったとしても、裁判官の良心を働かせる一場面といえる。国家賠償請求が棄却されるであろうことを承知の上で、違憲訴訟を提起する弁護団は、担当裁判官に、中身も判断してやろうという良心を呼び起こさせるような主張立証をすべきであろう。

一国民として「今度成立した○○法は違憲であることを確認することを求める」「国家賠償も求める」というだけに等しいような、楽な訴状を出すのであれば、本人訴訟でもできるし、現に頻発している。

日本国憲法の通説的解釈によれば、抽象的違憲訴訟は認められていないので、これでは具体的な事件として憲法訴訟の体を成していないというほかなく、判断を回避した裁判官を非難できないと思われる。

7 裁判官は「謝ってはならない」

冤罪事件が再審で無罪になった場合などで、よく裁判官が謝るかどうかが注目される。

しかし、一般的には、裁判官は簡単に謝ってはいけないと思われている。かつて、NHKの「島の裁判官」というドラマで、裁判官が当事者に謝罪したのに対し、上席の書記官が「裁判官が謝っちゃいかんだろう。」と言い放つ場面があった。

裁判では、下級審が判断を誤る可能性は、三審制で織り込み済みであるし、多くの逆転判決は、上級審との見解の相違にすぎない。例えば、最近は、高裁が懲戒解雇などの処分を重すぎて無効と判断して取り消しても、最高裁が破棄して有効とする判決が数件続いている。これなどは、民事でも刑事と同様に厳罰主義を採るのかどうかという姿勢の違いにすぎないと思われる。

刑事の再審で無罪になったとしても、誤判をしたのは有罪判決をした裁判官であり、再審無罪判決を言い渡した裁判官たちには何の責任もない。謝るのが当然だというような風潮は、何か変である。かつて実例があったように「先輩裁判官たちの過ちを詫びる」と述べる手もあるが、間違った判断をしていないとおそらく思っているのに、勝手に後輩に謝られて怒る先輩もいるかも知れない。そもそも、裁判官は独立であって、他の裁判官の裁判に口出しはできないし、責任の取りようもない。裁判官が謝るべきだという感覚は、裁判所にも検察庁を代表とする行政官庁と同様の「一体の原則」があるように思い込んでいるからだろう。

かといって、冤罪に苦しんだ被告人が、誰かに謝罪してもらいたいという心情も理解できる。どう言って無罪判決を言い渡したら納得するのか、大変な難問であり、直面した裁判官はみな悩んでいるだろうと推察する。

8　裁判官は「笑ってはいけない」

多くの皆さんは、裁判官が動いているのを見たことがないだろうと思う。重大事件で開廷前に放送局のビデオカメラが入っても、カメラを見たまま微動だにせず静止している。ましてや笑ってはいけない。

私は、これではせっかくの動画がもったいないと思って、撮影中に手元の記録をめくったり、両当事者席を見渡したりしたこともあるが、ニュースではその場面だけを放送されてしまい、落ち着きなく見えてしまった。

裁判官は法廷でジョークを言ってよいか、という笑ってしまうような論争もある。さすがに私もそこまではしていないが、法廷で何か手違いがあったときに笑って不問に付することはある。

私が東京地裁にいたときに、担当事件の当事者の代理人として、毎週テレビの法律相談番組に出ている若手弁護士が来たことがあった。和解期日の合間に、「先生、いつも見てますよ。」と声をかけたところ、その弁護士にこう言われてしまった。「裁判官、おたわむれは、およし下さい。」

こういう弁護士や当事者もいるから、深刻な事件を担当している時には、不用意に談笑しない方がよい。こうして、裁判官は慇懃無礼になっていく。

9 裁判官は「世間知らず」のフリをする

私が合議体を組むなどして同僚として接触した限りでは、裁判官は頭の回転が良いことを除けば、ごく普通の人たちである。

裁判官が「世間知らず」というのは、世間の側の誤解だと思う。

私のように、弁護士をはじめとする外部との交際を続け、地元新聞のみならず、テレビも毎日長時間見て、世間の情報を仕入れている裁判官は、やや異端かも知れないが、裁判官室ではごく普通に世間話をしている。私の場合は、司法修習生から「裁判官は人事と天気の話しかしない」「政治的な話を決してしない」などと言われるのが悔しいので、政治批判も避けないし、私のブログでも政治的話題を敢えて除外していない。しかし、私のように口にしなくても、話をしていれば、それぞれが平均的な日本人よりかなり優れた政治的見識や人権感覚を持っていることは分かる。大学法学部以外やロースクール卒業生も含めて、文系の最高学府を出て来た人たちだから、当然だろう。裁判官は、その意味で、決して政治的に中立公正ではない。他方で、裁判も大局的には三権分立による国政の一環であり、事案によっては政治性を帯びることは避けられない。だからこそ、裁判官は積極的に政治運動をすること（裁判所法52条1号）を控え、「公正らしさ」を装わなければならないのである。裁判官の「公正らしさ」論については、次のような論争が続いてきた。

①裁判官は「公正」だけでなく「公正らしさ」が必要である。

②裁判官である自分は「公正」だから「公正らしさ」は必要がない。

しかし、私は、両方とも間違っていると思う。

③裁判官個人は「公正」ではあり得ないから、「公正らしさ」を装う。

というのが正しいのではないか。私は、自信をもって自分が公正・中立であると言い切る人を信用しない。①説を吹聴した石田和外最高裁長官は、退官して、後の日本会議の結成に加わり議長になった。愛媛県靖国神社玉串料訴訟の最高裁大法廷の違憲判決に対し、合憲とする反対意見を書いた三好達最高裁長官も、日本会議の会長や靖国神社崇敬者総代になった。

人事の話に戻すと、裁判官が人事の話題を好むことは否定しない。それは、私に言わせれば単に「面白い」からである。あの高裁長官は65歳の定年まであと何年だが、それまでに最高裁に入れるだろうか（最高裁判事の定年は70歳である）といった雲の上の話題も、誕生日のわずか1日の違いで運命が分かれる例もあるので、なかなか面白い。身近なところでは、次の自分の部の裁判長にはいつ、どこから、誰が来るかという予想は、陪席裁判官には死活問題なので、関心が強い。これらのことは、程度の差はあっても、官庁や民間企業でも同様だろうと思う。

私は、頭の良い裁判官たちは、むしろ「世間知らず」という誤解を利用しているように思う。裁判官の見識は、なるべく当事者に知られない方が有利だ。裁判官が世間知らずで、簡単に言いくるめられると思い込んで、悪人が調子に乗って言い放題に嘘を言い、墓穴を掘ってくれるからである。大物の悪人（なぜか教育関係者に目立つ）の中には、裁判所は自分の味方をしてくれると信じ込んでいる者もいる。そういう場合は、黙って結審に持ち込んで、バッサリ斬ればよい。裁判官は全てお見通し。判断は極めて容易となる。世間の方こそ、ゆめゆめ騙されないように。

ただし、最高裁の有名な「わいせつ」概念の判例のごとく、裁判官が確たる根拠も示さず「社会通念」を認定するのは、好ましくないと思っている。これは「世間知らずの社会通念」と言われても仕方がない。現代であれば、世論調査の手法の工夫や回数も重ねられており、偏りが生じにくい公正な方法でやれば、かなり正確な意見分布を知ることができる。世論は時々刻々と変わり得る。裁判所は、当事者双方に調査結果の証拠提出を求め、場合によっては統計関係の官庁に調査嘱託するなどして、世間一般の平均的意見すなわち社会通念を証拠により認定する努力をすべきであろう。例えば、「選択的夫婦別姓」の立法化への最近の支持率や、「生活保護受給者に自動車の保有・使用を認めるべきではない」というのは現時点でも国民の多数意見なのかどうかなど、裁判官としても知りたいところである。

10　裁判官には「芸風」がある

日本の司法は「名もない顔もない司法」（ダニエル・H・フット）と言われる。日本の裁判官にあまりにも個性が見られないからだろう。「金太郎飴」とも揶揄される。最高裁判事でさえも、一般的には無名である。かつては最高裁判事が新たに就任する際には、全国紙の「ひと」欄で取り上げられるのが通例であったが、最近は目にしなくなった。保守派とリベラル派が熾烈に対立しているアメリカ連邦最高裁判事とは違って、誰でも同じと思われているからだろう。安倍政権成立以降の最高裁判事指名の結果、裁判官が保守派に偏り、全員一致判決が激増していることも原因だろうか。

しかし、下級審の裁判官の審理方法に個性が無いと思われているとしたら、それは大いなる誤解である。常日頃接している地元の弁護士にアンケートを取れば、裁判官に対する評価は大きく分かれるのが普通である。

私は、裁判官には「芸風」があると、司法修習生には教えている。落語家のように、裁判官ごとに入廷時の「出囃子」を変えても面白いと思う。古くから「判決派」と「和解派」に分類されることがあるが、そんなに単純ではない。裁判官は、単独事件では他の裁判官の法廷を見る機会がないので、自然と訴訟指揮には大なり小なり個性が出て来る。証人尋問で、裁判官が積極的に補充尋問をするかどうかというのも、極端に意見が分かれるところだ。私は弁護士任官の先輩である田川和幸さんの『弁護士裁判官になる　民衆の裁判官をこころざして』（日本評論社、１９９９）という名著を読んで、弁護士任官に前向きになったのだが、尊敬する田川さんと大きく意見が食い違ったのは、この点であった。田川さんは、裁判官は補充尋問をして勝敗を逆転させるようなことはすべきではないとおっしゃっていた。能力不足の弁護士は敗訴させ、依頼者に解任させて、控訴審で交代した有能な弁護士に逆転させるのが筋ではないかと言う。私はそうは思わない。そもそも、私の考えでは、裁判官も良い裁判官をしたいと考えるプレーヤーなので、民事訴訟法に規定された裁判官の権限の行使を控える必要はない。こちらとしても、疑問点はなるべく解消して、すっきりした判決をしたいのである。私が裁判長の法廷では、裁判官3人全員が補充尋問をすることが多くなった。おそらく、かなり珍しいと思うが、合議体全員が真剣に尋問を聞いて考えていることが当事者にも分かってもらえるので、とても良いことだと思う。

田川さんは、法律家は「小さな歴史家」であるという本『小さな歴史家をめざして~私の弁護士時代』（日本評論社、2014年）も書いている。こちらは私も全面的に賛成である。市井の小さな事件であっても、双方の主張のうち、どちらのどの部分が真実に近いか、証拠に基づいて推理し認定するのが裁判官の仕事である。どこまで証拠調べ（証人・本人尋問）をして解明するかも、裁判官の流儀の大きな分かれ目である。

11　裁判官は「読み書き」が得意である

裁判官は、記録を読んで判決を書く仕事が主流となっている。対して、弁護士は、依頼者の話を聞いて、まさに「代弁」する仕事である。昔は、「代言人」とそのままに呼ばれた（ちなみに、最近は簡易裁判所の法廷に立つこともある司法書士は「代書人」であった)。検察官は、その中間で、主に警察の捜査記録を読んで、被疑者・被告人と口頭でやり取りする仕事になっている。

したがって、弁護士は平均的に、読み書きは裁判官ほど得意ではない。弁護士任官者が最も苦労するのは判決起案と言われるのも、このためだ。私は、判決書きは人まねをしながらも自己流を貫くことにしているので、それほど苦労したことはないが、正直なところ、読む方には苦手意識がある。私生活でも、本を買うのは好きだが、ほとんど積ん読になっている。キャリア裁判官の中でも、若手・中堅裁判官が大量の記録を読む速さ、ベテラン裁判官が分厚い記録の中から瞬時に要所を探し出す特殊能力には、いつも感心している。私は、少し頁数の多い準備書面を受け取っただけでも、もう少し短く端的に要点を書いてもらえないものかとうんざりしている。結局、判決の長さは、高々、単独で15頁、合議で数十頁程度なのだから、それよりも長い準備書面を出したところで、大部分は判決に反映されるはずがない。判決は、要件事実の存否の認定に必要十分な範囲で触れればよいからである。

また、裁判官は短期記憶に長けている。同時に百件を超える事件を抱えながら、係属中の担当事件は大体メモリーに入っているようだ。私のような弁護士出身者には到底真似できない芸当なので、なるべく期日の直前に記録に目を通しなおすことになる。逆に、裁判官は終局した事件はすぐに忘れてしまう。東京高裁の判例委員会で、数か月前に自分で書いたはずの判決を全く覚えていない裁判官がいて、驚いたことがある。弁護士は、私も含め、過去の自分の依頼者と事件の概要くらいは覚えていると思うが。

反対に、裁判官が明らかに弁護士よりも苦手なのは、話すことである。キャリア裁判官は、裁判所の内輪の会議であっても、何か発言する際には原稿を用意して読み上げる。むしろ、原稿がないと喋れないのではないかと疑われるほどだ。部の送別懇親会でさえ、式次第や送辞の原稿を準備して臨む。

弁護士も笑ってはいられない。大阪高裁在任中に、大阪弁護士会館で開催された、民事訴訟の改革に関するシンポジウムを傍聴した時のことだ。テーマは民事裁判の期日における「口頭議論をどう進めるか」だった。準備書面の交換と確認（「陳述します」と言うだけの形式的な陳述）をして、次回期日を決めて終わりという実務を脱却して、文字通り口頭弁論を活性化しようという問題意識のはずだ。ところが、パネラーたちは、裁判官のみならず、弁護士まで原稿を用意して読み上げていた。これでは「口頭議論」などできる訳が無い。

そもそも、口頭弁論は、公開の法廷で、傍聴人を前にして、丁々発止の議論を行うものだ。アメリカ連邦最高裁ではそうしているし、私が傍聴したイギリスの下級審の法廷でもそうであった。日本で、民事裁判が刑事裁判に比べて人気が乏しいのは、まさにここに原因がある。傍聴人を大切にして、傍聴だけでも大筋は分かるような法廷にすべきであろう。最高裁でさえ、口頭弁論では「傍聴人の皆さまへ」と題する事案メモを配布している。私も含め、下級審は、その観点からの工夫が足りないと思う。しかし、法廷で侃々諤々の議論をすることには、多くの裁判官は腰が引けている。

12　裁判官は「遠回しに言いがち」

レーザーラモンＲＧに習って、裁判官の「あるある」を言いたい。

裁判官は、他の裁判官に何か伝える時に、「婉曲に伝えようとしがち」。

ちなみに、最高裁が下級審に何か伝える時には、必ず「情報提供ですが」と前置きをする。これは、善意に解すれば、裁判官の「独立」に配慮し、間違っても他の裁判官が担当する裁判への介入と誤解されないようにしているものと推察される。

しかし、その延長上で、下級審の同僚裁判官の間でも、直接的な物言いはしない傾向がある。

私は、大分地裁で、当時の所長から、アンケートという形で、普段の登庁時間を尋ねられたことがある。後から考えると、陪席裁判官の一部から、裁判長が朝遅いと不満を持たれていたようだ。裁判官の勤務時間は、実は法律では何ら定められていない。通常は午前10時の開廷に遅刻しなければよく、早退したり、宅調にしたりして、自宅で適宜仕事をして過ごすのも自由だ。その代わり、どれだけ長時間仕事をしても、超過勤務手当は出ない。人はそれぞれ生活時間の感覚が違うから、他人に合わせる必要もない。所長なら直接的にそう言ってもよさそうだが、こういう遠回しのやり方をするのが裁判所の流儀である。言ってよいことならはっきり言えば良いし、言っていけないことなら、婉曲的にせよ裁判官に伝えるべきではないだろう。このような所長の態度は気に入らないので、私は鈍感を装ってスルーすることにしている。

東京高裁勤務時には、官舎から裁判所までの送迎バスに不正に乗っている人がいるから、控えるようにというお達しが何度か回覧された。私のことを言っていると気付くまでに時間がかかった。私は、地下鉄の通勤定期を支給された者が、大部の記録を持ち帰る時など、必要に応じて送迎バスに乗ってもいけないということを知らなかった。

裁判でも最近問題になっている。裁判官が当事者代理人に伝えたつもりであっても、あまりに婉曲に話す癖が付いているため、伝わっていないという実態が認識されるようになったのである。話すのが得意な弁護士ならば、そんなことはあり得ないのだが。

その関連で、裁判官は、上級審の事務当局などの文書の行間を読み過ぎる嫌いがある。「裁判所時報」の1面に年何回か掲載される最高裁長官の挨拶文など、わざわざ読み合わせをしてあれこれ忖度する部もあるようだ。情けなくなる。芸人の鉄拳ではないが「こんな裁判所はイヤだ」。

13 裁判官は「上から目線」である

裁判官は、高い法廷の壇上に座っているものと思われている。津地裁では、同僚に「壇上」という名字の裁判官がいて驚いた。

ただし、座ってみると、弁護士は発言や尋問をする時には席を立つので、その際の目線よりも低いと逆に威圧されかねないことからすると、それほど非常識に高いわけではない。それを言うならば、JR岐阜駅前の「金の信長像」や靖国神社の「大村益次郎像」の方が明らかに高すぎるだろう。

それに、日本の裁判官には「品位」のみならず「威信」を保つことが求められているから、このような法廷の設計は仕方がないのかも知れない。

裁判官が開廷中に壇上で立ち上がると、テレビドラマ・映画「イチケイのカラス」の主人公である弁護士任官者の入間みちお裁判官（竹野内豊）のように驚かれるだろう。ちなみに、そのモデルは私ではないかと思って作者に質問したら、残念ながら違うそうだ。

それでも、私は、さいたま地家裁川越支部で、法壇から降りて原告本人の手を取り、著名な代理人弁護士から「そんな裁判官は初めて見た」と絶賛されたことがある。私としては、出廷している本人の手の怪我の程度が争点になっているので、間近に見たいと思って降りて行っただけなのだが。

裁判官は、法廷の設計上、高い法壇に座って当事者を見下ろしているが、決して見下している訳ではない。たまたまトラブルに巻き込まれた同じ人間だと思っている裁判官の方が圧倒的に多いと思う。

かつて、女性の司法修習生に「裁判所は男の職場だ」などと放言して、政治問題になった司法研修所教官がいた。黒木亮さんの産経新聞連載小説『法服の王国』（産経新聞出版、2013年）でも印象的に描写されていた。

私は、裁判官はむしろ女性向きの仕事だと思っている。性差別をするつもりはないが、一般に女性の方が心の優しい人が多い。自身も多かれ少なかれ何らかの女性差別に遭っているだろうから、弱者の思いを理解しやすい。

男性は物事を理屈や損得で割り切りすぎる傾向がある。気の毒な当事者に同情し、何とかしてあげようと思うのは、弁護士のみならず、裁判官の重要な資質だと思う。

女性裁判官はまだまだ少なく、高裁長官に出世した女性は何人かいるが、最高裁入りした女性のキャリア裁判官は、学者を経由した者を除き、いまだに皆無である。女性の最高裁判事は、これまで全て官僚出身者か弁護士出身者である。男性裁判官に履かせている下駄は早く脱がせるべきだろう。最高裁も女性裁判官が半数近くなれば、自ずと、夫婦別姓を認めない現行民法について、合憲から違憲に判例変更されると思われる。

下級審では、裁判員裁判を構成する刑事裁判官にはなるべく女性を入れるように配慮しているとうかがわれ、家裁も離婚事件が多いためか女性裁判官が比較的多いが、その反面で、民事部の女性裁判官が手薄になっている感は否めない。日本人の半数は女性なのだから、裁判官全体の半数も女性になるまで、弁護士任官を含めて積極的に採用を進めるべきだろう。それは、過去の社会全体の女性差別の結果の是正であるから、「アファーマティブ・アクション」（積極的是正措置）などと言って正当化する必要さえない。いわば、憲法上当然の是正措置である。

14　裁判官は「弁明せず」

これは古くからの裁判官に関する有名な格言である。

誰が言い出したのか知らないが、私なりにその意味を解説したい。

よく言われるように、裁判官は、判決で全てを言い尽くすべきであり、批判されても弁解してはいけないということは理解できる。

かつて、同僚弁護士がもらった敗訴判決に、「どうしてこういう判決になるのか、裁判官は説明すべきだ。逃げるのはずるい。」などと憤っていたのを目にしたが、これは違うと思う。もしも、裁判官が判決の言渡し後に、その理由を補充したり、変更したりすることを許せば、裁判官の権力は圧倒的なものになる。納得できない判決であれば、上訴して上級審で是正してもらうように努力すればいいのである。

制度上、例外的に、裁判官に事後的な弁明が許されている場合がある。まず、決定に対して抗告された場合の原審裁判官の意見書である。例えば保全・執行事件や破産事件のように、決定理由では「相当と認め」くらいしか書いていなかった事件で抗告が出た場合には、理由を補足説明する意味で、詳細な意見書を書くことがある。これがないと困るのは、抗告審の高裁裁判官である。忌避申立てをされた裁判官も、意見書を書くことができる。これは書かない裁判官が多いが、私は自分の審理姿勢を毅然として示すためになるべく書くようにしている。

最近の報道では、袴田事件における静岡地裁の再審開始決定に検察官が即時抗告した際に、原審裁判官たちが詳細な反論の意見書を書いていたことが判明した。裁判官も、法律に規定のある反論権は遠慮なく行使したらよいと思う。何を言われても黙っているばかりが能ではない。

ちなみに、判例雑誌に掲載される判決の解説は、無記名になっているが、判決をした裁判官が自分で書いていることが多い。当然ながら、判決を支持し、補足説明する内容になっているものが大多数である。筆者を公にしないのは、おそらく「裁判官は弁明せず」に抵触する観を呈するからであろう。

これを知ってか知らずか、自分が負けた判決を批判する内容の解説を無記名で書いて、掲載された法律雑誌を何食わぬ顔で有利な証拠として提出するという策を弄し、違和感を抱いた相手方の弁護士に見破られてしまい、懲戒処分を受けた弁護士もいる。

ちなみに、かつては、重大事件では新聞社が裁判所から受け取った判決要旨が紙面に掲載されることが多かった。あれは、裁判官が自分で、判決文とは別個に、推敲を重ねて作成していたものである。私の記憶が確かならば、確か東京高裁と大分地裁で1回ずつ作成したことがある。長文の判決よりも、新聞に載る判決要旨の方が社会的には真の判決とも言えるので、その要約の仕方について判決そのもの以上に議論が白熱することになる。

最近は、司法記者クラブから判決要旨の交付を求められることは皆無に近くなり、判決要旨が新聞に掲載される件数も少なくなったように感じる。裁判所の存在感が低下し、司法担当の記者が、特に地方では手薄になっている現れではないかと憂慮している。

15 裁判官は「訴えられる」

刑事事件は、被告人単位であり、なるべく複数の犯罪事実を併合罪として裁くことになっている。文字どおり、人を裁く裁判である。

民事事件は、人ではなく事件を裁くものと思われている。しかし、私は、人を裁く面も無視できないと思う。裁判官も人であるから、原告と被告と裁判官との人間同士の対決と見ることができる。

その現れとして、民事訴訟法では、当事者主義に基づき、第三者の証人を尋問するには、原告又は被告の申請が必要とされているが、原告・被告の本人尋問は、申請が無くても、あるいは本人が嫌がっても、職権で行うことができる。出頭に応じなければ反対事実を認定することも認められている。例えれば、「イチケイのカラス」の決めゼリフ「職権を発動します」といったところだ。

なぜこのような制度になっているかというと、おそらく、裁判官として、本人はどんな人物なのか、弁護士を通さずに直接その人柄に接してみて、判断材料にしたいという場面が少なくないからだと思う。

私が「良心」の基準として立てているような「正直」「誠実」「勤勉」という日頃からの性格は、実際に尋問で接してみれば、自然と分かることが多い。人の性格は、ちょっとしたやり取りでもにじみ出てしまうものである。

残念ながら、裁判の当事者には「人でなし」もいる。それは、一目瞭然であることが多く、ひどいのになると、負けても負けても同様の裁判を繰り返す。しまいには、相手にしない裁判官を訴える。津地裁では、現に私も被告にされた。弁護士時代にも無かったことだ。

「クレーマークレーマー」という有名な映画がある。私は実際に見るまで、今でいうクレーマーの話かと思い込んでいたが、「クレーマー」夫妻の離婚・親権訴訟のストーリーだった。

なぜ、「クレーマー」が2回繰り返されているかというと、アメリカでは個別の裁判を「原告名VS被告名」という形で特定して呼称する慣例だからという。もう少し、日本人に分かりやすい邦題を付けてほしかった。ともあれ、ハーグ子奪取条約のテーマを取り上げた先駆的な映画だと思う。

話が脱線したが、裁判官は本物のクレーマーも相手にしなければならない。そもそも、「原告」は英語で「クレーマー」と言う。

法定の印紙や切手さえも納めずに濫訴・濫抗告を繰り返す当事者は、最高裁も含めてどの裁判所にもおり、裁判官や書記官は軽視できない時間をその処理に費やしている。問題当事者に対しては、必要かつ合理的な範囲で対応するのが裁判所の目下の課題とされているが、国費の無駄遣いと言われかねないので、抜本的には、憲法上の「裁判を受ける権利」を侵害しない限度で、このような濫訴・濫抗告をシャットアウトする立法措置が必要かも知れない。

16　裁判官は「仲間はずれ」を嫌がる

裁判所は狭い社会なので、孤立すると辛い。各高裁・地家裁は部に分かれているが、部の裁判官は部総括を含めて3人から5人程度のことが多いので、その中で嫌われて「仲間はずれ」にされると、かなり追い込まれるようだ。かつては、陪席裁判官が裁判長からいじめられて苦しむケースが多かった。東京地裁では、他の部の判事補が裁判長からパワハラを受けていることを察知して、所長（代行）に伝言したところ、裁判長を「ご栄転」させて引き離してくれたこともあった。これが、部内のパワハラへの正しい対処である。陪席裁判官の間のパワハラは部総括が指導して解決せよ、それができなければ指導力不足だと評価するようでは、所長失格である。逆に裁判長が陪席裁判官から集中砲火を浴びて退官に追い込まれるケースもあったようだ。私も、陪席裁判官や書記官たちには、なるべく嫌われないように、「八方美人」外交を展開している。ただし、よその裁判所の問題を起こした裁判官や所長の悪口は、むしろ結束を強める。

裁判所の交際で面倒なのは、何か集まりを新たに開こうとすると、厳密に有資格者の定義をしなければならぬ事。退官する裁判長と「親しい裁判官」というような曖昧な定義は許されない。「仲間はずれ」にされたとひがむ裁判官が出て来ることを過剰と思われるほど心配するのである。したがって、この場合は例えば、何年から何年までの裁判長時代に「陪席を務めた裁判官」という具合に明確な定義をしなければならない。

それはさておき、裁判所の問題の一つは、まともに選挙をしないことである。裁判所の中で選挙があるのかと驚かれるだろうが、かつては、大阪地裁の裁判官会議では、部総括（裁判長）を選挙で決めていた時期があり、廃止される際には、後の日本裁判官ネットワークの創設メンバーらが反対運動を展開し、当局の恨みを買ったという。

現在でも、判事全員で構成する裁判官会議から多くの事項の委任を受けた「常任委員会」又は「常置委員会」がどの裁判所にも設置されており、その委員の全部又は一部は選挙で選んでいることが多い。問題は、それが選挙の体を成していないことである。大きな裁判所になると、誰が適任か分からないので、いわゆる「天の声」がなぜか電話で降りて来て、言われたとおり、意中の裁判官の名を、全判事が記載された投票用紙から見つけて印をし、投票箱に入れるという面倒なしきたりになっている。私は、さすがに知らない人に投票したくはないので、よく知っている弁護士任官者などに適当に投票していたが。

東京高裁の当時、懇親会の場で、長官に問題提起した。「じゃあ、どうやったらいいの？」と問い返された。選挙のやり方をご存知ないのである。弁護士会の会長・副会長の選挙でも、なるべく争いを避けたければ、交渉して無投票当選にしている。定員を超える立候補者が出た場合の選挙の機会さえ確保されていれば、それで全く構わない。裁判官は控え目な人が多いので、立候補制は難しいというのであれば、他薦を認める選挙規則にすればよい。津地裁では委員は部総括や支部長などのほぼ指定席なので選挙はないが、他の立派な裁判所がこのままであれば恥ずかしい。恥を忍んで公表することにした。

17　裁判官は「名刺を使わない」

弁護士時代は、法律相談からして大量の名刺を消費していたが、裁判官になってからは、転勤時に一回だけ作れば十分になった。百枚作っても3年で使い切れず、残りがどこにあるかいつも忘れてしまう。

要するに、裁判官が名刺を使うのは、新しい任地が決まって転勤辞令を受け取り、新旧任地の裁判所内で挨拶回りする時だけなのである。それも、挨拶しに来た相手の裁判官と会えれば、名刺は使わない。不在の場合に、表敬訪問に来た印に裁判長の机の上だけに名刺を並べて置くのが風習である。この時のために「着任ご挨拶」などというゴム印を買って名刺に押している裁判官もいる。

この程度の使い方しかしないので、名刺には新しい任地の裁判所と氏名だけ印刷すれば必要十分である。裁判所の住所・電話番号を入れる人もいるが、調べれば簡単に分かることなので、無用である。

自宅の住所を入れる人は見たことがない。かつては、裁判所の職員録には住所も掲載していたが、裁判所の住所も選択できるという編集方針に変えた途端、ほぼ全員の住所が所属裁判所になった。一見すると、裁判官は、みんな裁判所に住み込んでいるのかと勘違いするほどであった。もちろん、しばらくして、このような無意味な住所の記載は原則として省略することになり、職員録の厚さは半分近くに減った。

ちなみに、約半数の裁判官は、転入時に事務当局から提示された官舎に住んでいる。私も東京に住んだ最初の11年間は官舎に入れてもらった。官舎は、確かに家賃は民間マンションよりも安いが、どんどん値上げされており、管理当番や掃除当番も回って来るから、結構面倒くさい。外の樹木の剪定さえ、入居者が拠出した管理費から賄っていた。こうなると、体のいい官舎の管理人である。なお、最高裁裁判官・高裁長官・地家裁所長ともなると、所定の広すぎる官舎に住まわされ、運転手の雇用確保のために朝晩の送迎車に乗らざるを得ず、かえって不便をかこつことになる。その上、集合住宅の官舎は、民間企業の社宅と同様に、家族、特に配偶者同士の人間関係が難しい。話題はいつものように夫の出世ということになると、いたたまれなくなる妻もしばしば出てくる。私も、大分地裁に転勤以降は、大分・大阪・名古屋・津と自分で好きなマンションを借りて通勤している。住宅手当が出るわけではないので、お金はかかるが、その方がはるかに気楽で精神衛生上も良い。

18　裁判官は「評価されない」

私の任官後、裁判官の人事評価制度が始まった。裁判官を高裁長官や地家裁所長が評価し、裁判官は評価書の開示請求をすることができ、不服申立てをすることもできるという制度である。

私は、欠かさず開示請求をしてきたが、多少不満はあっても、不服申立てをしようと思ったことは一度もない。ただし、大分地裁で所長と喧嘩した直後は、開示請求はしたものの、見る気にならなかった。もしも不服申立てをしたくなったら、宛先は福岡高裁長官になるが、たまたま東京地裁の裁判長当時に陪席裁判官として親しくさせていただいた方だったので、困らせたくなかったからである。

多くの裁判官は、そんな特別なことがなくても、わざわざ評価書の開示請求はしていないようである。確かに、たとえ学校の優等生であっても、通知表をもらうかどうかを自由に選択できるならば、もらわない方が多いかも知れない。開示請求率は公表されていないので、実のところ私にも分からない。陪席裁判官にも尋ねていない。

問題は、裁判官に対する評価であるにもかかわらず、裁判では評価されないことである。具体的な裁判に言及して、あの判決は良かった、あの訴訟指揮は問題だったなどと評価すれば、おそらく裁判官の独立に対する侵害となる。結局、統計的に「事件処理は順調である」、「審理は迅速である」、「長期未済事件を終局させた」などという表面的な評価にとどめざるを得ない。私は、名判決を誉める方向であれば、構わないのではないかと思うが、それも控えるのが通例である。

そうすると、一体、裁判官の何を評価するのか、「論文を書いた」、「会議を開いて議論をリードした」、「新しい取組を始めた」などといった内容にならざるを得ない。本末転倒ではないだろうか。

そもそも、多数の事件に追われ、裁判の迅速化のために時間を費やしている中で、わざわざ時間を割いて、会議を開き、思い付いた新しい取組を試し発表する事を推奨すべきかどうかは、考えどころである。私のような消極意見も十分あり得ると思う。むしろ、これまで当たり前のように時間を割いてきた裁判実務の中で、あまり意味がないと思われることを見つけ、思い切って止めることの方が、よっぽど成果が確実で合理的である。破産の少額管財も、労働審判もその方向で成功している。仕事を増やした訳ではない。

逆に、まだ施行されてもいない訴訟手続制度などの運用について、早くから検討の時間を割きすぎるのも、私には疑問である。全国の裁判官を丸一日拘束して、新しい法定審理期間訴訟手続の運用について、机上の議論を重ねておく必要があるだろうか。世の中には、やって見なければ分からないということもある。「裁判をしない裁判官」にはその辺が分からない。

ともあれ、私は、横浜地裁の交通集中部の4年間では、青年法律家協会支部が全弁護士から集めたアンケートで、毎年トップクラスの評価をしていただいた。裁判所にも冊子を全裁判官分持参して配布を依頼したが、受取を断られたと聞いている。裁判官の10年ごとの再任を審査する下級裁判所裁判官指名諮問委員会も、設置以来、弁護士会を含む外部団体等の評価を拒んでおり、その是非について論争が続いている。

したがって、裁判官に対する弁護士からの評価は、出世にはほとんど影響しない。難事件で名裁きをした裁判官が、長官や所長に出世している訳では決してない。裁判官の評価は、これでいいのだろうか。

19　裁判官は「一歩前に出ない」

元最高裁判事の泉徳治さんが『一歩前に出る司法』（日本評論社、２０１７）という本を書いている。泉さんは、おそらく過去のキャリア裁判官出身の最高裁判事の中では最もリベラル派で、在任中は多くの少数意見を書いていたし、退官後に至っては、自ら原告や代理人弁護士となって、東京都議会の「一票の格差」是正の憲法訴訟等に取り組んでいる。見上げたものだと思う。私も、弁護士時代には、愛知県議会と名古屋市議会の「一票の格差」是正訴訟を自ら原告となって提起し、前者では名古屋高裁で勝訴判決（選挙違法の事情判決）を勝ち取ったので、退官して弁護士に戻ったら、必要に応じて同様の活動に参加したいと思っている。

多くの裁判官は、新たな判例を下級審から築こうという覇気に乏しく、退官後も例えば人権派・リベラル派の弁護士として大活躍する人は珍しい。ごく普通のベテラン裁判官は、希望のポストが空いたタイミングで判事を依願退官し、公証人か簡裁判事になろうとする。いずれも定年が65歳から70歳まで延びるところに最大のメリットがある。キャリア裁判官は、他職経験として弁護士を選んでいない限り、弁護士経験が皆無なので、定年退官後も弁護士になってバリバリ働こうと考える人はごく少数のようだ。

弁護士登録をするとしても、東京を生活の本拠とする裁判官退官者の大多数は第一東京弁護士会に登録する。

ちなみに、各都道府県にある単位弁護士会は、東京を除いて、地家裁に対応して一つずつであり（北海道の札幌・函館・旭川・釧路は、地家裁の支部ではなく本庁が設置されているので、弁護士会もそれぞれに対応して四会ある。）、東京だけ、東京（東弁）・第一東京（一弁）・第二東京（二弁）の三弁護士会が鼎立している。なぜこうなったかというと、元々あった東弁で、長老支配に対して反抗した若手が勝利し、不服の長老派が分離独立したのが一弁で、弁護士会の分裂を悲しみ、将来の再統一の懸け橋になると言って独立したのが二弁である。結局、何のことはない、東京の弁護士会は三会に分裂して固定してしまった。したがって、一弁は、本来的に長老派であり、保守派。現在も、裁判官・検察官の退官者や、経営法曹・国際弁護士といった人たちが多数を占めている。

問題は、最近、最高裁と一弁の関係が近すぎることである。おそらく、最高裁が意図した訳ではなく、憲法上の任命権を有する内閣の側が、日弁連からの推薦者を選り好みするようになり、一弁の弁護士に偏ったものと思われる。令和6年4月現在の最高裁判事のうち、弁護士から最高裁入りした全員が一弁出身者である。かつては、東弁から一人、一弁から一人、二弁から一人、大阪・神戸・名古屋のいずれかから一人というのがほぼ指定席だったが、安倍政権成立以降、あっという間にこんな構成になってしまった。国民も、最高裁判事の任命があまりにも保守派に偏っていないか、監視が必要だろう。

20 裁判官は「退官間際」に思い切った判決をしがち

これは究極の裁判官「あるある」だろう。

都市伝説や迷信ではなく、実際にそのような例が目立つのは否めない。

なぜそうなるのかを解説しよう。

あまり知られていないが、裁判官は、十年任期で新任・再任される際に、辞令と一緒に魔法のカードを渡される。

①一枚目は「権利濫用・公序良俗違反」カード。
　法律に書かれている権利を消すことができる。

②二枚目は「信義則」カード。

法律に書かれていない義務を作ることができる。

③三枚目は「憲法違反」カード。

法律自体を消すことができる。

この三枚目のカードは、ジョーカーのように最も強力なので、十年ごとではなく、一生に一回しか渡されない。

この話をSNSで四月一日に発信したところ、真に受けて「本当ですか」と問い返して来る弁護士がいて、びっくりした。

ただ、実情としては、そういう感覚になっていることは否めない。任官早々の時期に「公職選挙法の文書配布禁止規定は違憲」と判決して、三枚目のカードを切ってしまい、その後は、二度と同様のカードを使う機会があるような裁判所に配属してもらえなかった例もある。

使用者の労働者に対する信義則上の「安全配慮義務」のように、最高裁が自らカードを切って判例にしてくれれば、下級審裁判官は使わずに済む。そうでない限り、これらのカードはいわば「伝家の宝刀」なので、無闇に抜くわけにはいかない。多くの裁判官は、使える機会があっても、一枚ずつしか与えられていないカードを温存するため、見送ることが多い。

あまりに自重し過ぎると、ついに一枚も使わないまま、定年間近となる。持ったまま退官しても無効の紙切れになるだけで、いわば宝の持ち腐れに終わるので、悔いを残さないように積極的に最後のカード一枚を切って、裁判長としての「爪痕」を残そうとする。陪席裁判官たちもその意を汲んで協力する。私は経験が無いが、まあこんなところかも知れない。

私も退官まで残り数年以内となり、一度もカードを切った記憶がないので、然るべき事案では使おうと思っている。そうやって虎視眈々とチャンスを伺っている裁判官の所には、なぜか、そういう事案はなかなか来ない。

コラム3「裁判所へ行って来い」

私は、「なぜ弁護士任官をしたのですか」とよく尋ねられる。私の場合、実のところ、きっかけは全くの偶然の出会いであったと言ってもよい。

ある日、名古屋高地裁と隣接する弁護士会館の弁護士控室で、掲示板を眺めながら休憩していたところ、背後から肩をポンと叩かれた。振り向くと、消費者問題等の弁護士会活動を通じて親しくしていただいている先輩弁護士で、いきなり私にこう言った。

「お前、裁判所に行って来い。」

私には何のことやら訳がわからず、

「今、裁判所から帰って来たところですが。」

と答えたところ、そういうことではなく、裁判官になれという意味だと説明された。話によると、司法改革の一環として日弁連と最高裁が「弁護士任官」を推進することを合意し、名古屋高裁が管轄する中部6県の中部弁護士会連合会でも、弁護士任官者の推薦委員会を新設したのだが、まだ任官候補者が一人もいなくて、格好が付かない。君は適任だと思うから、手を挙げてみないかというお誘いだった。

いただいた資料一式に目を通して、これは面白い試みだと思った。また、候補者が出ずにせっかくの制度が始動しないのは、もったいない話だと思った。実験台を買って出てもいいのではないか。私には失うものはあまりない。

仮に、私が首尾よく裁判官に採用されれば、制度の実効性が実証され、弁護士任官が進展するだろう。その先にある法曹一元、つまり裁判官を司法修習生ではなく弁護士から採用するシステムの実現は、長年の日弁連の悲願でもある。

他方、私が裁判官任官を拒否されたとしても、不採用理由を最高裁に明らかにさせることができ、場合によっては弁護士会を挙げて闘いを挑むことができる。

こういう闘いは、どちらかと言えば、好きな方だ。

私の推薦の先頭に立ってくれた別の先輩弁護士も、私に「万一不採用の場合には共に闘うことを誓う。骨は拾います。」と墨書した書簡を送って来て下さって、大変勇気付けられた。

コラム4「最高裁を甘く見るな」

私の弁護士任官の推薦手続と願書提出は、人事に関わることだからと言われて、秘密裡に進められた。このことは、情報公開をテーマとして活動して来た市民オンブズマンの弁護士としては、かなり心苦しい試練だった。私に限らないことのようだが、採否決定までの約半年間の気分の浮き沈みは激しく、「待つ身の辛さ」という言葉の意味を初めて身に染みて実感した。不採用の場合にどうするか、身の振り方も考えておかなければならない。これは、当時開設が進んでいた輪島市の公設事務所の弁護士を志願するという妙手を思い付いた。何しろ、中部弁護士会連合会から裁判官適格というお墨付きを得ているのだから、公設事務所の弁護士に不適格ということはあり得ない。仮に所属事務所をそのまま退所したとしても、失職することだけはなさそうだ。

私の任官志望を知った先輩裁判官からも辛口の意見を言われた。

「最高裁を甘く見てはいけない」

人権派・リベラル派の労働弁護士が、そう易々と裁判官に採用されるものかと。

実は、私も五分五分だと思っていた。かつて、「司法の冬」と言われた暗い時代に、青年法律家協会（青法協）の会員裁判官に対する大規模な弾圧を最高裁が行ったことは、歴史的事実として有名である。そして、私は現に青法協会員であり、それどころか、愛知県の支部の事務局長を五年間連続で務めて、将棋の名人に習って第一世の「青法協あいち永世事務局長」の称号を得ていた。当時の最高裁の傾向も楽観を許さず、寺西和史裁判官が、盗聴法反対集会に参加して一言挨拶しただけで、三権分立を破ったなどという大袈裟な理由により、裁判官分限裁判で戒告処分を受けたのも、つい先頃のことだった。

最高裁裁判官会議で採用が決まったと、電話で第一報を下さったのは、深澤武久最高裁判事だった。私の司法修習前期の刑事裁判教官で、授業中に「竹内君はリベラルだから、裁判官になってほしいな。」とおっしゃっていただいた恩師であった。

最高裁としても、まだ弁護士任官制度が始まったばかりで、かつ、下級裁判所裁判官指名諮問委員会の設置前だったため、採否の判断の責任転嫁は許されず、願書を維持した全員を採用するという穏当な結論に至ったのだろうと思う。

問題はその後である。下級裁判所裁判官指名諮問委員会の弁護士任官候補者に対する審査は厳しさを増していき、半数以上が不適格とされるようになった。毎年の弁護士任官者数も、私たちが任官した2003年が10人に届いたのを最後に、一桁を低迷し続け、新制度開始後20年余のうち後半は毎年1～3人程度にとどまっている。ついに0人となった年もあった。そもそも、人間には誰しも欠点があり、それをあげつらったらキリがないだろう。司法修習生からの新任判事補採用がほとんど問題にされず、裁判官の十年ごとの再任審査でも不適格とされるのはごくわずかであるのに比して、あまりにも均衡を欠くように思われてならない。私はこれを評して、弁護士から判事への新任基準を不相当に高く設定した「横綱審議委員会」化現象と呼んでいる。最高裁の最近の担当者の弁護士任官に対する否定的評価が、このような傾向に反映しているのではないかと、私は心配でならない。

第3章

裁判とは何か

1　裁判とは「人助け」である

私の見解では、裁判は人である。

そして、法律的に言えば、裁判は権利のぶつかり合いである。

「なぜ原告の権利を認めないのか」と判決批判をされる場面が多いが、難事件では押しなべて、原告の権利と被告の権利の衝突がある。裁判官の役割は、双方の権利を塩梅良く調整することだ。

裁判官が最も似ているのは、相撲の行司である。立ち合いを何度も繰り返すのは、一回で結審せず期日を繰り返して争点整理をするのと似ている。双方力士の気合が合ったところで立ち合いとなり、同時に軍配を返して、相撲、すなわち証拠調べ（尋問）を行う。軍配は必ずどちらかに上げなければならず、誤判の疑いがあれば、土俵下の審判委員（審判部の親方衆）すなわち高裁の先輩裁判官たちが物言いを付け、協議の結果、行司軍配差し違え、つまり原判決変更となることもある。

ただし、裁判官が相撲の行司と決定的に異なるのは、勝敗を左右し得る権限が与えられていることである。基本的には、本来の権利行使を封じられている方を助けてあげなければならない。例えば、交通事故であれば、通常は被害者の救済である。

逆に、被害者を騙る明らかな不当訴訟であれば、なるべく早く結審して、請求棄却判決をしなければならない。原告は不満を抱くだろうが、被告にとっては甚だ迷惑であって、早く裁判から解放してあげなければ気の毒である。

こういう方針で大分地裁当時に一回結審で請求棄却判決をしたところ、原告から逆恨みされてしまい、ＳＮＳで悪口雑言を言われるようになった。わざわざ自分の悪口を聞きに行く趣味はないので、これまで相手にしていないが、度を越せば裁判官だって訴えるかも知れない。「裁判官は裁判を起こせない」という都市伝説もあり、裁判官夫妻の離婚事件を見たことはないが、裁判官にも当然「裁判を受ける権利」はある。

2　裁判官の「当たり外れ」は運しだい

過去の経歴や判決から、明らかに我が方に不利と思われる裁判官に当たることもままあるだろう。しかし、その程度の理由で裁判官を忌避しても認められない。裁判官の方も好きでその裁判を選んで担当している訳ではない。裁判官会議であらかじめ定められた規則（事務分配）に従って、偶然その裁判に当たっただけである。もっと言えば、その裁判所にいたのも、多くの場合、転勤に応じた結果の偶然である。当事者に「あなたでは嫌だ」と一々言われたのでは堪らない。ルーレットやサイコロの出目に文句を言ってはいけない。本当に不利だったとしても、運が悪かったと諦めて、その裁判官の転出を待つか、敗訴判決をもらって上級審で逆転を狙うしかない。それが日本の裁判のルールだから仕方がない。

裁判官の側としても、嫌な当事者や弁護士はいるが、一度当たった裁判を回避することは許されない。裁判官の回避は、忌避と同じ事由がある場合に、裁判官会議の議を経て初めて許される。

もっとも、最近問題になった東京高裁の実例で、交代した裁判長が被告国の法務省訟務局長として同種事案の陣頭指揮を取っていたのではないかと疑われ、次の部に事件を移したことがあった。逆に、東京地裁の行政部の裁判長が、被告国の訟務局長に転出した例も記憶に新しい。

裁判官の「公正らしさ」を標榜して来た最高裁が、どうしてこういう人事をするのか理解に苦しむ。私も弁護士から任官したので、一方当事者を弁護する立場から裁判官に戻る「判検交流」を、全て駄目とは言わない。毎年、弁護士任官者と同数以下ならば、バランス上は許容範囲だと思う。わざわざ国の弁護をするために、貴重な裁判官を毎年何十人も気前よく貸し出すのは、戦前の司法省の支配下での裁判官・検察官のような感覚が残っているのではないかとさえ疑われる。

ついでに私が独自に発案した、裁判官の経歴的傾向を測る「官僚裁判官度」指数の算出方法を発表しておこう。

分母に裁判官任官以来の全年月数を取り、そのうち次の勤務期間の年月数を分子として、比率を算出する。

（最高裁事務総局・高裁事務局長）＋（地家裁所長）＋（司法研修所・裁判所職員総合研修所教官）＋（最高裁調査官）＋（訟務検事・行政官庁）

要するに、自分で「裁判をしない裁判官」であった期間である。

実際に算出すると、例えば東京高裁の部総括（裁判長）は概ね4割前後になることが分かる。決して裁判経験が豊富という理由で出世している訳ではないのだ。全国的にも、地家裁所長を経ずに高裁部総括になるケースは極めて少ない。

3　裁判は「公事」である

かつて、裁判に訴えることを慣用句で「出るところに出る」と言った。今では死語に近い。裁判の公開は憲法上の原則なのに、なるべく秘密にしたいという当事者が激増している。心無い匿名の人でなしがSNSであれこれ非難するのを嫌うのだろう。画期的な勝訴判決をもらったのに記者会見をするなどして公表せず、ましてや和解の成立や内容を公表しないことは通例になってしまった。

悩んで苦労して、勝訴判決や勝利的和解をした裁判官としては、肩透かしを食ったような思いをすることが多い。かと言って、裁判官から画期的な判決を公表することは、ほとんど行われていないから、重要な判決が埋もれてしまうことになる。本来は、原告以外の同様の労働者にも及ぼすべき割増賃金の支払義務も、被告の使用者としては知られずに済み、労働基準監督署にもおそらく指導されずに済むから、大喜びだ。本心としては、濫りに秘密和解を認めたくないのだが、原告も被告も守秘条項を入れることを希望していれば、裁判官として拒むことは難しい。

かつては、裁判のことを「公事」と言った。弁護士は「公事師」とも言われた。裁判は決して「私事」ではないのである。さいたま家裁川越支部で、離婚訴訟の開廷表から当事者名を削るように弁護士から要求されて、驚愕したことがあった。裁判の公開原則の処分権を当事者に認めてよいのだろうか。原告は提訴時に法定の手数料を納めているとはいえ、その裁判にはそれを遥かに上回る税金が投入されている。裁判には、同種事件の先例を広く示し、次の紛争を未然に防止するという意義もあるから、決して当事者だけの独占物ではない。

4　裁判は「リベンジ」の場である

裁判所には、人として本来の権利を抑圧されている原告が、救済、つまり逆転勝ちを希求して、提訴してくるケースが多い。

家庭裁判所に移管された人事訴訟、その大半を占める離婚訴訟と、その前置として要求される離婚調停は、その典型的なものである。

女性が強くなったと言われる現代でも、原告は妻が圧倒的に多く、したがって、原告勝訴率は顕著に高い。

私は、さいたま地家裁川越支部で、管内（総人口約一六〇万人）の離婚訴訟をたった一人で担当したが、とてもやり甲斐のある仕事だった。人権派の弁護士であっても、こんなにすっきりと、一年に何十人もの「人助け」ができることは考えられない。

私は、現代の「川越縁切寺」の住職に任命されたと思い、精進することにした。昔はとにかく追う夫を振り切って、縁切寺（有名な鎌倉の東慶寺のほか、群馬県太田市の満徳寺には縁切寺の資料館がある。）に片足でも入ることができれば（あるいは何か持ち物を門内に投げ込めば）、寺が身柄を保護し、数年間過ごせば、晴れて離婚が認められた。夫が「三行半（みくだりはん）」の離縁状を書き渡す形式を堅持したので、あたかも離婚は夫の専権であったように思われてきたが、実際には、妻が要件を満たせば、皆で夫に寄ってたかって半強制的に離縁状を書かせたのだという。日本人の誇るべき知恵だ。

現代の離婚請求の仕組みも、実は縁切寺とよく似ている。

例えば、夫からの虐待に困り果てた妻は、家を出て夫と別居する。親族を交えて話し合っても離婚に応じてもらえなければ、まず家裁に離婚調停を申し立て、夫を呼び出して調停委員から説得してもらう。それでも首を縦に振らない頑固な夫であれば、やむを得ず調停を不調にして、改めて離婚訴訟を提起する。裁判官も和解による離婚を説得するが、その間に数年が経過して十分な既成事実ができれば、婚姻関係が破綻したと認定されて判決による離婚となる。別居期間に通常は数年必要とされているのも、縁切寺と似ていると言えなくもない。いったん婚姻という契約を結んだ以上、一方の意に反する解消には、ある程度の期間と手続を要するのはやむを得まい。例えば「五年別居」で離婚を認める民法改正案は、むしろ妻側の弁護士から猛反対された。

ただし、少なからぬ裁判官は離婚訴訟に苦手意識を持っているし、離婚事件はお断りという弁護士も珍しくない。

縁切寺住職の経験者としては、あまり離婚事件に深入りし過ぎず、感情移入せず、細部に囚われないようドライに処理して、離婚成立に向けて粛々と進めた方が、精神衛生上も良いと思う。

家裁の人事訴訟は、まさに読んで字の如く、所詮「人の事」に過ぎない。

他方、地裁の民事裁判は、大別すれば5類型になると私は考えている。

①親族関係の争い（親の財産の使途を巡る争いが実に多く、家裁のようだ）
②相隣関係の争い（筆界特定制度により境界確定訴訟が激減して助かる）
③契約関係の争い（事業者・消費者の契約や解除、労使関係の紛争など）

④事故関係の争い（交通事故を典型とする全く接点の無かった者同士）
⑤行政関係の争い（市民が国や地方自治体などに処分取消・国家賠償請求）

しかし、裁判所も弁護士も事件名の付け方が実に下手で、どの類型も大半は「損害賠償請求事件」にされてしまうため、一見してどんな事件か分からなくなっている。事件記号も、行政訴訟だけは（行ウ）だが、それ以外は全部（ワ）だ。書記官には事件番号を暗記している人も少なくないが、裁判官にはそんな芸当はできない。そこで私は、例えば不貞関係事件には㋫と手帳に書くなどして、見ただけで大体思い出せるように試みている。こういうところにこそ、新たな工夫の余地があるように思う。

5　裁判は「複雑困難」化する

最近は決まり文句のように「複雑困難訴訟」の審理進行が課題になっている。しかし、同種事案の多地裁係属訴訟を除けば、事案はそれぞれだから、汎用性のある合理的な審理方式など編み出せる訳が無い。

一つだけ傾向として言えることは、裁判では、劣勢の方が大量の主張や証拠を提出する傾向があるということだ。勘違いして、たくさん出した方が勝てるはずだと思い込んでいる弁護士もいるが、大きな間違いである。

冷静に考えてほしい。貸金請求事件であれば、原告は、甲第一号証として借用書の原本を提出して、その真正（被告が作成したこと）を立証すれば十分である（たまに写しを提出する弁護士もいるから困ったものだ。原本を持っていないのならば、既に返済されたということになる。）。被告は、あれこれと抗弁を考えて延々と主張を展開し、あまり決め手にならないような書証を積み上げて、時間を稼ごうとするしかない。逆に、公害訴訟や医療過誤訴訟のような難しい事件であれば、原告は、丹念に主張と証拠を積み上げ、時間をかけて形勢逆転を狙うしかない。

したがって、審理を尽くした上でもまだ心証が五分五分であれば、双方が提出した書類を天秤にかけて、重い方を負かせても、おそらく大過ないだろう。

一方でこういう重い事件を何十件も抱えているので、比較的簡単な非訟事件（破産事件・保全事件・執行事件など）は、まず書記官に念入りに点検してもらって、裁判官は確認した決定書に判を押すだけで済ませることになっている。これを私は「判事とは判押す事と見つけたり」と川柳にした。裁判官も時間的制約を免れないから仕方がない。

よく、裁判の「迅速」と「適正」の両立を目指せと弁護士サイドからも要求されるが、究極的には両立する訳が無い。反比例の法則やグラフを習ったのを忘れたのであろうか。限られた時間の範囲で、迅速に結論を出そうとすれば、審理も判決も簡潔なものにせざるを得ない。新設された法定審理期間訴訟手続は、両当事者が一致して、それでいいから早く進めてほしいと選択した場合の手続である。どちらかがそれを望まないのであれば、裁判が長すぎる、裁判官が途中で交代するのは怪しからんなどと「無いものねだり」を言わずに、じっくりと充実した審理を求めれば良い。

ただし、繰り返して念押しするが、裁判は当事者だけのものではない。極端に長期化した裁判が目立てば、裁判で決着を付けようとする潜在的な需要が激減してしまう。裁判官としては誠に申し訳ないと思う。世間にもそう思われない程度、仮に裁判迅速化法の目標である二年を多少超えたとしても、裁判官の一任地の通常期間である三年以内には終局するように努力しなければいけないだろう。

6　判決は「誰もが納得する」ことはない

かつて、ある重大事件についての大新聞の社説が「裁判所には誰もが納得する判決を求める。」と結ばれているのを読んで、卒倒しそうになった。そんな判決がある訳ないだろう。私は深く尊敬する家永三郎先生が論じた「裁判批判」は歓迎する立場だが、論説委員たる者、もう少し頭を冷やして論評していただきたいものだ。

また、国家賠償請求事件の請求棄却判決に対しては、保守派の新聞（読売・産経・日経）はともかく、リベラル派の新聞（朝日・毎日・東京中日）からは手厳しい批判を浴びる傾向がある。しかし、ここも冷静に、リアルに考えてほしい。国家賠償請求を認容しても、天から賠償金が降って来る訳ではない。賠償資金は、国民の「血税」から支払われるのである。私も含め、良心的な裁判官たちは、それに値する救済をすべき原告の事案なのかどうか、一生懸命に見極めようとしている。何でもかんでも「国家賠償請求事件」と事件名を付して裁判所に持ち込めば、判断してもらえるというものではなかろう。相手は国家権力なのだから、裁判官に甘えて、楽して勝とうとしてはいけない。確実に勝とうとするならば、むしろ法廷外で、国民の多くから原告支援の署名やカンパを集めるといった「勤勉」な努力をすべきであろう。もしも運動が広がり、マスコミも好意的に取り上げ、国民の大多数の支持を得る情勢まで持ち込めれば、裁判官は安心して、国庫からの支払を命じる判決を書くことができよう。

7　裁判で「真実」は明らかにならない

「裁判では真実は明らかにならなかった」というのが、マスコミの決まり文句のようになっているし、原告の判決批判もこの点に集中しがちであるが、裁判官としてはどうにも違和感を拭えない。

私はいわゆる「不可知論」の立場ではないが、科学的に厳密に言えば、観察者の観察という行為自体によって対象物に影響を与えてしまうため、物理的に正確な測定は不可能なのだそうだ。そんな難しいことを言うまでもなく、相対性理論によってもタイムマシーンの製造は事実上不可能とされており、実際にもそんなものは存在しない。裁判官も神様ではないのだから、過去に起きた事象を正確に再現して認定する能力がある訳が無い。ましてや、人の内心など分かる訳が無い。本人であっても過去の心理は再現できないだろう。人の記憶は案外いい加減なところがあって、例えば、仲の良い夫妻であっても、どちらがプロポーズしたかで言い分が食い違うことは珍しくない。

裁判官が審理・判決を通じて行っているのは、当事者が提出した証拠に基づいて、実際には何が起きたのか、その時に当事者はどう考えていたのかなどと推理して認定（推認）するという、まさに「小さな歴史家」の作業である。当事者が書いて来た推理小説の熱心な読者に例えてもよい。

しかし、客観的証拠が薄い事件の事実認定は本当に難しい。

そんな不運な偶然は滅多に起こらないはずだから、嘘に違いないと決め付けても間違う。まさに「事実は小説より奇なり」、そして「裁判は推理小説よりも奇なもの」だからである。日本の裁判の件数自体は、それほど多い訳ではない。極めて確率の低い不運な偶然が起きたケースが裁判になっているという可能性も十分考慮に入れておかなければならないからである。また、当事者の一方又は双方が嘘を付いているケースも少なくない。判決の事実認定だけを読んで、そんな馬鹿な事があるものかと決め付けるのは慎重にすべきだろう。

そして、どんなに審理を尽くしても、やはり分からないという場合もしばしばある。極端な例を挙げれば、被告人が黙秘している場合の真の動機など、どうしても確実な事実認定が難しいことは理解してもらえるだろう。そういう場合は、結論に影響しない限り、判決理由では「判らなかった」と書くのが誠実な態度である。これに類する場合にまで、裁判官は真相を究明しなかった、裁判で真実は明らかにならなかったなどと責めるのは、かなり理不尽である。

8　判決は「最終兵器」

私は、おそらく弁護士任官者に比較的多いと思われる「和解派」の裁判官ではなく、どちらかといえば、それほど判決を厭わない「判決派」の裁判官だと思っている。

それでも、裁判で最も望ましい解決方法は、判決ではなく和解だと思っている。なぜならば、世間に紛争は数あれども、その大半は裁判所に持ち込まれる前に、話し合いで解決しているからである。交渉が決裂した場合でも、結構いい線まで進展していたケースが多い。交通事故の損害賠償請求事件の大半もその範疇である。見解の相違部分について、裁判官の意見を示して妥当な線に落ち着かせるように和解を勧めれば良いから、滅多に判決までには至らない。

それでも和解ができず、判決を起案することになると、多くの事件ではまず結論を決め、詳細な理由は考えながら書くことが多い。

判決の書式では、「理由」の前にまず「主文」つまり結論が先に出て来る。ここまで来れば、まさに「結論先にありき」であることが形式にも現れている。

弁護士の中には「和解を蹴ったら不利な判決をされた」などと怒る人が昔からいたが、当たり前である。

一審判決後の控訴審までの展開のシミュレーションをしてみよう。

もしも、蹴った方に和解案よりも有利な判決をしたら、蹴った方のわがままを受け容れたことになり、和解を呑んだ方が馬鹿を見ることになる。

これに対し、蹴った方に和解案よりも不利な判決をすれば、蹴った方が控訴し、控訴審では、原審和解案まで戻して和解が成立することが多い。結果的に、原審裁判官の和解案が貫徹されたことになる。

そのような判決が自然と多くなるのは、決して和解を蹴ったことに対する報復などではない。

9　判決は「ローカルニュース」が多い

最近、永久保存すべき裁判記録の多くが、廃棄されていたことが判明し、大問題になった。

そもそも永久保存の原則的な基準は、判決・決定が全国紙（朝日・毎日・読売・産経・日経）のうち2紙以上（地方面を除く）に掲載されたことと、最高裁の下、全国統一で決められていた。

全国紙には、東海3県で圧倒的なシェアを誇り、準全国紙と言っても良い中日新聞や、その姉妹紙である東京新聞は含まない。地元で大きなシェアを占める三重県の伊勢新聞のような地方紙ももちろん除外されている。

裁判所のホームページに判決・決定を掲載する要件もこれと全く同様であった。

私は、これを、東京の「裁判をしない裁判官」が、地方の裁判の実情を知らないまま「東京基準」を無理に当てはめようとするものだと、津地裁に着任してから気付いて批判している。

実際にこの基準を津地裁に当てはめると、私が着任後の数々の判決を差し置いて、2紙に掲載されてギリギリ要件を満たしたのは、わずか1件の決定だけだった。全国報道された生活保護停止処分の執行停止決定である。全く同様の2件目は1紙の掲載にとどまり、在日外国人の非正規労働者に対する手当差別を認めた判決も同様に、通信社の配信記事により全国的に広く報道されたにもかかわらず、要件を満たさなかった。さすがにこれはおかしいのではないかと思い、特例で裁判所ホームページに掲載してもらうことにした。そもそも、この判決は、当然掲載することになると想定して、理由本文中から固有名詞を極力省き、仮名化の事務負担を減らすという工夫をしていたので、掲載の要件を満たさないとは予想していなかった。

それでは、地方ではなぜこのように、重要事件がほとんど要件を満たさない事態になるのか、説明しよう。

東京都をはじめとする都会を除き、各道府県では、地元新聞が圧倒的なシェアを誇っている所が多い。大抵の道府県には、その名を冠した地方紙がある。ちなみに、「東京」新聞も飽くまで地方紙扱いであるし、東海地方で圧倒的シェアを誇り、読売に対抗して人気プロ野球球団を持つ「中日」新聞も、当然のごとく地方紙とされている。

ところが、地方では元々、独立した司法記者クラブが存在しない所が多く、記者は県警等の担当を兼ねている。裁判所が記者会見を開くことは無いので、重要判決を最初に察知するのは、大抵、取材体制が相対的に整っている地方紙となる。地方紙では必ず1面か社会面で特報される。これに対し、全国紙は軒並み後追いで記事にするが、遅ればせの報道になるので、多くの場合は地方面に回される。基準では、全国紙の地方面はノーカウントだ。こうして、まさかと思うほど、重要判決が要件を満たさず、埋もれていくことになる。記録の永久保存の基準と連動していることを考えると、軽視できない問題で、最近、全国紙の地方面も含むことになった。

地方の地裁には、結構、名判決が多い。基準を満たさないまでも、裁判所と裁判官名でネット検索すれば、その裁判官の判決のニュース記事がたくさん出て来るはずなので、ぜひ一度試してほしい。そして、素晴らしい判決は評価してあげてほしい。地方の裁判官は誉められる事が少ないので、モチベーションにつながり、ますます「良心」的な裁判官に育っていくことだろう。

10 「合議の秘密」は守るべき

判決が新聞報道される際には、ほとんど例外なく、裁判長の氏名しか付記されず、記事本文中でも、「〇〇裁判長は」このように言い渡したという主語で報じられる。後の歴史に残るような名判決・決定も必ず「杉本判決」「村山決定」というふうに裁判長の名で呼ばれることになる。例外的に、私の記憶が確かならば、朝日が裁判官3人の名を付記していた時期があったが、間もなくやめてしまった。

おそらく、3人の裁判官による合議判決も、裁判長の意見に違いないと見ていることの現れであろう。そのこと自体、記者を含む世間一般が、上意下達の行政官庁や民間企業の感覚でしか、司法を見ていないことの自白と言える。

しかし、合議（評議）の評決では、2対1で裁判長が両陪席に敗れることもある。実際には、ほとんどの事件では、合議を重ねた結果、最大公約数の理由付けで結論については全員一致が成立しているので、裁判長の意見と同じであることは多いが、それにしても、判決は裁判長だけのものではない。現に私も、大阪高裁では裁判長が少数意見という例も経験したし、大分地裁では被疑者の勾留に対する準抗告を認容するかどうかで意見が割れ、長時間にわたった合議が深夜に至っても成立しないので、評決を取り、2対1で私が破れた形で棄却決定をした経験もある。

むしろ、注意すべきは、裁判長がワンマンだと、判断を間違う可能性が高くなるということである。簡単にその理由を説明しよう。主任裁判官は陪席2人のどちらかだが、裁判長が陪席の意見を聞き入れない人だと分かっていると、なるべく裁判長の意見を察知してこれに迎合しようとする。もう一人の陪席は、主任裁判官ほどに事件を検討している訳ではないから、二人の意見に簡単に同意する。全員一致の判決が、まともな合議らしい意見交換もなく成立してしまう。しかし、お分かりのように、これでは裁判長一人の単独事件と変わらない。難しい事件だから、合議に付しているのに、単に裁判長が代わりに陪席裁判官に判決を書いてもらって楽をしただけになる。おそらく、控訴審で覆される一審判決は、このパターンが多い。こういう事態を予防するには、合議では最初に両陪席の意見を述べてもらい、その後で初めて裁判長の意見を開陳するのがセオリーである。しかし、合議は最後に1回だけではなく、審理途中で何回も重ねるので、この姿勢を堅持するのはなかなか難しい。私もついつい新しい合議事件が来たら、自分の感想を先に言ってしまいがち。反省している。

実際には、合議事件で事実上の影響力が大きいのは、主任裁判官である。自分でまず記録を熟読し、意見を固め、合議がまとまれば判決を書くという担当だからである。特に損害賠償額の認定など、裁量の幅のある事件では、裁判長も主任裁判官の意見を尊重して同調することが多い。主任裁判官は、高裁では左右両陪席のいずれか、地裁では原則として左陪席（多くの場合は任官5年以内の未特例判事補）、例外的に右陪席や、場合によっては裁判長である。

私も、大分地裁と津地裁では裁判長を務めてきたが、数件以上ずつ主任裁判官として合議事件の判決を書いている。もちろん、その場合には、両陪席から忌憚のない批判を述べてもらい、私の判決に朱を入れてもらう。これが私には、合議の良さが実感できて、とても楽しい。

残念なことに、所長の中には、部総括は陪席を「指導」せよと、当たり前のように言う者が少なくない。しかし、裁判の合議の中では、裁判官3人は全く平等であり、ベテランの裁判長も、中堅の右陪席も、新任の左陪席も平等に1票を持っている。「指導」にはそぐわない。むしろ、例えばSNSの利用実態のような若者しか知らない事や、それにまつわる新しい感覚は、熟知している陪席から教えてもらうべきである。裁判長が偉い訳ではない。自分より若年の裁判官も皆、司法試験と二回試験をパスして来たとても優秀な若者である。

コラム5 「言った通りになりましたね」

私が弁護士任官により「判事」に任命されることになって、まず驚いたのは、東京高裁の仕事をするのにもかかわらず、最高裁からの辞令が「東京地裁判事に補する」、東京高裁から「東京高裁判事職務代行を命じる。」となっていたことだった。そういう決まりになっていると言われ「任補《にんぽ》承諾書」なる書類を提出させられた。しかし、裁判所法の規定によれば、判事補や弁護士等の経験10年で判事の任命資格があり、判事は当然に高裁裁判官の資格があるのだから、おかしな話である。聞くところによると、かつて、東京高裁の裁判官は管内の地裁部総括よりも期が上でなければならないという縛りがあったことの名残りということだった。したがって、東京高裁は18年、大阪高裁は16年、名古屋高裁は15年といった経験年数が設定され、それに満たなければ、辞令としては高裁判事職務代行の地裁判事とされたのだという。これはどう考えてもおかしい。私は、任官直前の記者会見でも疑問を提起したし、任官直後の弁護士会主催の報告会でも、これは問題ではないかと発言し、「こんなどうでもいい旧弊は、権力の中枢に関わるような話ではないので、誰かが問題にすれば、簡単に変わると思いますよ。」と予言した。市民オンブズマン・労働弁護士出身の弁護士任官者としての矜持であったが、同席した同期の弁護士任官者は、さすがに引いていた。

ところが、わずか1年後に是正され、私も含めて同様の地位にあった裁判官は全員、東京高裁判事の辞令を改めて受け取ることができ、みんな喜んでいた。報告会で同席した裁判官も同様に、正式な「東京高裁判事」になることができ、「竹内さんの言った通りになりましたね。」と誉められた。

もっとも、制度を改めた最大の動機は、この年から裁判官の人事評価制度が始まり、高裁で仕事をしている裁判官を地裁所長が評価する形はまずいということだったのだろうと推測している。ともあれ、改善すべき事があれば、誰かが勇気を出して口火を切り、問題にしないと、何も変わらない。私は、市民オンブズマンの活動で数々の画期的な成果を勝ち取る中で、大事なことを学んだ。

コラム6「言ってみるもんですねえ」

官舎には、入居する裁判官の格に応じてピンからキリまであるが、ピンであっても築数十年のエレベーターさえない集合住宅が普通で、修繕を要する故障も度々起こる。民間マンション並みの賃料を取れないのは当然だろう。入居時に畳替えもしてもらえず、11年後の退去時には当然のように新しい畳替えの費用を最高裁の営繕係から請求されたのには唖然とした。一般に、退去時の修繕費用の営繕係の査定が異様に厳しいことも、裁判官の間では定評がある。担当者は何か裁判官に恨みを抱いているのではないかと疑いたくなるほどだ。

ある時、風呂の湯沸器が故障し、一週間ほど銭湯に通わなければならなくなった。修理に来るのがあまりにも遅いので、妻が営繕係に電話を架けて催促すると、すぐに修理に来たという経験をした。妻は、この話を同じ官舎の親しい裁判官に話すと、その答えが面白かったという。同様に経験しているであろう不満めいた事は一切言わずに、たった一言、「言ってみるもんですねえ」と。

第4章

裁判所とは何か

1　裁判所には「司法官僚」もいる

第2章と第3章を先に読んでいただいた皆さんに、私が学生時代に最も苦手としてい「現代国語」の「読解」択一問題を出題させていただく。

私が言いたいことに最も近いのは、次のうちどれか。

① 裁判官はかなり悪いし、裁判制度も悪い。
② 裁判官はかなり悪いが、裁判制度は良い。
③ 裁判官はさほど悪くないが、裁判制度は悪い。
④ 裁判官はさほど悪くないし、裁判制度も良い。

もちろん正解は④である。

それでは、私は何が悪いと言いたいのかというと、「裁判をしない裁判官」すなわち「司法官僚」が支配する「官僚司法」の悪弊にほかならない。

第2章と第3章でも随所で指摘したが、現場の裁判官の努力とやる気を台無しにしかねないことをしているのが彼らである。彼らの主観が善意なのか悪意なのかは問題ではない。

ちなみに、裁判は、裁判官だけではできない。裁判部は書記官・調査官・速記官・事務官らの職員が支えているほか、地裁民事では労働審判員、地裁刑事では裁判員、地家簡裁では調停委員、鑑定委員や専門委員、簡裁民事では司法委員といった民間人の知恵も借りて、「ワンチーム」で解決している。手術における「チーム・バチスタ」のようなものであろう。

もちろん、官庁である以上、裁判から離れた裁判所内部の事務部門は必要である。司法行政部門と総称するが、どの裁判所にも相当数の職員がおり、最高裁事務総局からの直接・間接の指示・命令を受けて、事務処理をしている。

裁判を離れて司法行政にほぼ専従している裁判官は、最高裁では最高裁長官と事務総局の局長・課長・局付など、高裁では高裁長官と事務局長、地家裁では所長、特に東京地裁では数人の所長代行といった面々である。こうした裁判官たちは、裁判所内の行政事務を一手に引き受け、省庁の行政官と同様の仕事を任されている。これを「裁判をしない裁判官」という。正確には、最高裁調査官と司法研修所・裁判所職員研修所の所長や教官もこれに含むのだろうが、高地家裁の司法行政部門とは全く別系列なので、以下では「裁判をしない裁判官」から一応除外して論じることにする。

「裁判をする裁判官」は裁判すなわち本来の司法の仕事に専従する一方、「裁判をしない裁判官」は司法行政という行政の仕事に専従するという役割分担が徹底されていれば、比較的明確で合理的だと思うのだが、問題は前者が裁判官不足に苦しんでいる反面、後者が肥大化し、その中でも限られた「裁判をしない裁判官」が「司法官僚」のポストを歴任して出世する。彼らが一種のエリート層化し、権勢を振るっているように見えてしまうことである。

このような現実は「裁判をする裁判官」の志気に影響せざるを得ない。そして、裁判部門にまで悪影響を及ぼしていることが、弁護士会を含む識者から「官僚司法」と批判されてきているのだと私は理解している。これでは、裁判をするチームは頑張っているのに、裁判所全体のチームとしては崩壊の危機に瀕することになる。

2　裁判官には「勤務時間」の制限がない

まず、重要なことを押さえておくが、裁判官は特別職の国家公務員であり、その中でも司法権を担うという極めて特殊な公務員である。

それは、勤務時間についての法令上の規定が、裁判官には一切存在しないことにも現れている。この点は、弁護士任官者が最初の研修で最高裁事務総局から初めて教えられて、一様に驚く。

裁判官は、勤務地の裁判所の事務分配に従って自分に割り当てられた事件を順調に解決していれば、勤務時間については、自ら指定した裁判期日を遅刻せずに開けばよく、他には全く拘束されない。他の公務員と同様に「有給休暇」の届出を出しているが、これは、かつて、平日にゴルフに行った裁判官が問題にされて以来、高裁長官の申合せによって行っているものにすぎない。そもそも、「有給休暇」を取って遊びに行ったところで、その日の分の事件の分配を免除される訳ではなく、休み明けに何日分もの仕事をしなければならない。こういうものを法律上も世間一般も「有給休暇」とは言わない。最近は、原則として裁判官に年間20日与えられ、1年分を繰り越したとすると2年分40日溜まってしまう「有給休暇」の消化率があまりに低すぎることが問題視され、所長らから積極的な取得を勧められるのだが、このような自らの首を絞めるだけの「有給休暇」を取得したがらないのは当然である。裁判官がこれを取得するのは、3週間確保することになっている夏期休廷期間（夏休み）に充当する時が主であり、それでも、夏期特別休暇3日が優先され、更に自宅調査日（宅調日）を5日として仕事をすれば、3週間のうち消化できる日数は、週5日×3週－3日－5日＝7日以下にすぎない。

おそらく多くの裁判官は、1日8時間・週5日勤務の通常の公務員や民間労働者の労働時間を超えて仕事をして事件を回しているが、当然のごとく休日・残業手当は出ない。その職責や弁護士の収入との比較をすると、裁判官が果たして高給取りと言い切れるかは相当疑問である。

しかし、裁判官は高給と批判されることを慮ってか、最高裁の予算当局は、一般職の国家公務員と同様の人事院勧告による昇給に甘んじてきており、それ以上の要求はしない。

3 裁判所には「お金がない」

とにかく、最高裁は予算獲得が下手である。

裁判所の予算は、国家予算全体の何割かご存知だろうか。

憲法上「三権分立」と言い、平成司法改革の際には「三割司法」の打破がスローガンとされていたので、誤った印象を持つ弁護士も少なくないが、大雑把に言えば、国家予算が百兆円として、そのうちの司法予算は約三千億円、つまり三割どころか正しくは「三厘司法」(約0・3%)である。

最近話題となった戦闘機オスプレー1機をアメリカから購入する値段が約二百億というから、その15機分にすぎない。

　このところ、司法予算の水準はほとんど変わっておらず、下級裁判所の予算も圧迫され、大半は人件費に占められる予算構造になってしまっているため、必要な図書も自由に買えなくなった。

　私の記憶が確かならば、弁護士任官時の研修で、最高裁の予算折衝は、最高裁事務総長と財務事務次官との間において膝詰めで行われると聞いた。そうだとすれば、交渉能力はゼロである。有能な弁護士か、いわゆる交渉人のようなプロを非常勤公務員として雇うべきだろう。これでは、彼らの裁判事務を肩代わりして、彼らを司法行政に専従させている「裁判をする裁判官」たちは浮かばれない。裁判所の中ではやたらと会議が増えているものの、そのような意見を下級審裁判官が最高裁に述べることができる場は一切存在しない。逆に、予算の削減について、最高裁事務総局から下級審裁判官に一方的に伝達され、そのようになった弁解を聞かされるだけである。

　そもそも、私の任官よりもずっと以前から、ポストに見合った本来必要な裁判官の人件費さえ確保されてこなかったようだ。

　弁護士の皆さんは、各地裁の各部の裁判長は、皆が「部総括」だと信じ込んでいないのだろうか。実は私もそうであった。公表されている裁判官配置表では分からないようになっているからである。しかし、裁判所内部では厳然として、最高裁に「部総括」として指名を受けた裁判長と、受けていない「代理裁判長」とは明確に区別されている。例えば、東京地裁の裁判長は3分の1近くが「代理裁判長」であった。「代理裁判長」と言っても、正式な「部総括」と全く同じ仕事をしている。それでは、当該部の部総括は誰になっているかというと、一人の所長代行が十か部近くの「部総括」を兼務した形になっているのである。私も、任官して最初にそのような内部的な裁判官配置表を見た時は、この所長代行はまるで忍者のように「分身の術」を使えるのだろうかと、目を疑った。なぜ、このような不自然な人事をするかといえば、要するに、部が順次増設されて来たにもかかわらず、本来必要な「部総括」の人数分の報酬の予算が確保されていない、おそらくは財務省に要求さえしていないということだろう。当然のことながら、「部総括」になれば昇給すると思われるからである。大都市の地裁だけの問題ではない。津地裁の刑事部は裁判長が二人いて、事件も2か部相当分が来ているが、「部総括」は一方だけであり、他方は「代理裁判長」である。私は、そのような立場に置かれたことは無いが、「代理裁判長」の待遇で裁判長の仕事をさせられるのは、気の毒でならない。私だったら怒るだろう。本来の報酬との差額を請求する裁判を起こすかも知れない。

なお、私は、任官1年目に5号俸で、その後、同期の裁判官全員と同時に4号俸に昇給した。

大分地裁の民事部総括になった任官12年目に、おそらく同期の平均にはやや遅れて3号俸に昇給した。その後は、22年目の現在も、津地裁本庁民事部総括4年目で、3号俸のままである。名古屋から津への異動に応じて大幅に地域手当が減るので、2号俸に上げてもらえるのかと思ったが、そういうことは無かった。現職の同期はほぼ全員が地家裁所長を経て高裁部総括になるなどしており、1号俸になっていると思われる。昇給は全て最高裁事務総局が決めているが、どういう基準なのかさっぱり分からない。これでよくも他の裁判官たちが不満を言わないものだと、非常に不思議に思っている。

4　裁判官は「減俸されない」訳ではない

憲法80条2項後段は、裁判官の報酬につき、「この報酬は、在任中、これを減額することができない。」と規定している。割と有名な規定だと思う。

しかし、実際には、何度も減額されている。

まず、私の任官直後、人事院勧告が「マイナス勧告」になったことにより、他の公務員と同様に減額された。最高裁裁判官会議は、減額に先立って、これを合憲であると判断して受け入れた。

裁判官にとって史上初の減俸であり、日本裁判官ネットワークの例会でも、この問題を取り上げて議論した。憲法訴訟を提起したいというメンバー裁判官もいたが、先に最高裁が合憲判断を示している以上、勝ち目が無いということで断念した。

次に、記憶に新しい、東日本大震災後の公務員全般の2年間の一律1割の減俸である。裁判官も例外扱いされることは無かった。そもそも、震災復興に国家予算を要するからと言って、公務員に負担させるのは疑問である。国民の中には、国家公務員は国税を納めていないかのように思っている人もいるかも知れないが、高給であるほど累進課税により高額の納税をしている。裁判官を含む公務員全般に大震災の責任がある訳は無いのだから、このような減俸の合理性は極めて疑問である。この時は、さすがに私も憲法訴訟を提起しようかと考えた。ちょうど十年の再任時期を迎えていたので、このような仕打ちを見過ごす国民に雇用されたくないと思い、再任希望をしないことも考えたが、先輩弁護士任官者から強く慰留され、思いとどまった。

この時に憲法訴訟を提起していれば、判例が皆無だから最高裁も大法廷で憲法判断を示さざるを得ず、重要な憲法判例として残ったであろう。前回と同様に最高裁裁判官会議で合憲として受け入れていたから、おそらく合憲判決になっただろうが、それまでに最高裁裁判官の交代もあるし、少数意見が付される可能性は十分あったと思う。そうすれば、将来の三度目の減俸に対する歯止めにもなった。逆に、憲法の明文に反する減俸をされても、日本の裁判官が誰一人として憲法訴訟を起こさなかったことは、国際的に笑われるのではないかと心配していたが、その私でさえ提起することができなかった。

5　裁判官の「諸手当は不公平」

そもそも、基本給は減俸されなくても、裁判官は都会から地方への転勤のたびに減俸されている。これも、人事院が定めた一般職の国家公務員の赴任地の地域手当の率がそのまま適用されているからである。

その地域手当の率の表を見ていただきたい。

東京都特別区が高率なのはまだ分かる。しかし、なぜ高率なのか謎の都市が目立つことは、普通の日本地理の知識がある国民ならば一目瞭然であろう。例えば、なぜ埼玉県和光市が最高率に並んでいるのか、人事院の説明は聞いたことが無いが、おそらく、財務省による税務大学校があるからであろう。理化学研究所のためではないだろうし、ましてや司法研修所や裁判所

国家公務員の地域手当に係る級地区分

	級地・支給地域	都道府県	市町村名等
20%	1級地	東京都	特別区
16%	2級地（21市）	茨城県	取手市　つくば市
		埼玉県	和光市
		千葉県	袖ケ浦市　印西市
		東京都	武蔵野市　調布市　町田市　小平市　日野市　国分寺市　狛江市　清瀬市　多摩市
		神奈川県	横浜市　川崎市　厚木市
		愛知県	刈谷市　豊田市
		大阪府	大阪市　守口市
15%	3級地（24市）	茨城県	守谷市
		埼玉県	さいたま市　志木市
		千葉県	千葉市　成田市
		東京都	八王子市　青梅市　府中市　昭島市　東村山市　国立市　福生市　稲城市　西東京市
		神奈川県	鎌倉市
		愛知県	名古屋市　豊明市
		大阪府	池田市　高槻市　大東市　門真市
		兵庫県	西宮市　芦屋市　宝塚市
12%	4 級地（18市）	茨城県	牛久市
		埼玉県	東松山市　朝霞市
		千葉県	船橋市　浦安市
		東京都	立川市　東大和市
		神奈川県	相模原市　藤沢市
		三重県	鈴鹿市
		京都府	京田辺市
		大阪府	豊中市　吹田市　寝屋川市　箕面市　羽曳野市
		兵庫県	神戸市
		奈良県	天理市
10%	5級地 43市	宮城県	多賀城市
		茨城県	水戸市　日立市　土浦市　龍ケ崎市
		埼玉県	坂戸市
		千葉県	市川市　松戸市　佐倉市　市原市　富津市
		東京都	三鷹市　あきる野市
		神奈川県	横須賀市　平塚市　小田原市　茅ヶ崎市　大和市
		愛知県	西尾市　知多市　みよし市
		三重県	四日市市
		滋賀県	大津市　草津市　栗東市
		京都府	京都市
		大阪府	堺市　枚方市　茨木市　八尾市　柏原市　東大阪市　交野市
		兵庫県	尼崎市　伊丹市　川西市　三田市
		奈良県	奈良市　大和郡山市
		広島県	広島市
		福岡県	福岡市　春日市　福津市
6 %	6級地 79市 15町	宮城県	仙台市
		茨城県	古河市　ひたちなか市　神栖市
		栃木県	宇都宮市　大田原市　下野市
		群馬県	高崎市
		埼玉県	川越市　川口市　行田市　所沢市　飯能市　加須市　春日部市　羽生市　鴻巣市　深谷市　上尾市　草加市　越谷市　戸田市　入間市　久喜市　三郷市　幸手市　比企郡滑川町　比企郡鳩山町　北葛飾郡杉戸町
		千葉県	野田市　茂原市　東金市　柏市　流山市　印旛郡酒々井町　印旛郡栄町
		東京都	東久留米市
		神奈川県	三浦市　三浦郡葉山町　中郡二宮町
		山梨県	甲府市
		長野県	塩尻市
		岐阜県	岐阜市
		静岡県	静岡市　沼津市　磐田市　御殿場市
		愛知県	岡崎市　瀬戸市　春日井市　豊川市　津島市　碧南市　安城市　犬山市　江南市　田原市　弥富市　西春日井郡豊山町
		三重県	津市　桑名市　亀山市
		滋賀県	彦根市　守山市　甲賀市
		京都府	宇治市　亀岡市　向日市　木津川市
		大阪府	岸和田市　泉大津市　泉佐野市　富田林市　河内長野市　和泉市　藤井寺市　泉南市　阪南市　泉南郡熊取町　泉南郡田尻町　泉南郡岬町　南河内郡太子町
		兵庫県	明石市　赤穂市
		奈良県	大和高田市　橿原市　香芝市　北葛城郡王寺町
		和歌山県	和歌山市　橋本市
		香川県	高松市
		福岡県	太宰府市　糸島市　糟屋郡新宮町　糟屋郡粕屋町
3 %	7級地 65市 4町 1村	北海道	札幌市
		宮城県	名取市
		茨城県	笠間市　鹿嶋市　筑西市
		栃木県	栃木市　鹿沼市　小山市　真岡市
		群馬県	前橋市　太田市　渋川市
		埼玉県	熊谷市
		千葉県	木更津市　君津市　八街市
		東京都	武蔵村山市
		新潟県	新潟市
		富山県	富山市
		石川県	金沢市　河北郡内灘町
		福井県	福井市
		山梨県	南アルプス市
		長野県	長野市　松本市　諏訪市　伊那市
		岐阜県	大垣市　多治見市　美濃加茂市　各務原市　可児市
		静岡県	浜松市　三島市　富士宮市　富士市　焼津市　掛川市　藤枝市　袋井市
		愛知県	豊橋市　一宮市　半田市　常滑市　小牧市　海部郡飛島村
		三重県	名張市　伊賀市
		滋賀県	長浜市　東近江市
		兵庫県	姫路市　加古川市　三木市
		奈良県	桜井市　宇陀市
		岡山県	岡山市
		広島県	三原市　東広島市　廿日市市　安芸郡海田町　安芸郡坂町
		山口県	周南市
		徳島県	徳島市　鳴門市　阿南市
		香川県	坂出市
		福岡県	北九州市　筑紫野市　糟屋郡宇美町
		長崎県	長崎市

職員総合研修所があるからではなかろう。しかし、結果的に研修所の所長・教官・局付らは、高率の地域手当の恩恵を受けていることになる。

私は、ごく普通の裁判官が都会と地方を3年ごとに転勤を繰り返す人事慣例になっていることを「参勤交代」と同じだと気が付いた。妻子を東京に置いて地方に単身赴任する男性裁判官が多いことも、「参勤交代」とそっくりである。

かつては、地域手当（当時は都市手当）が高い任地から低い任地に転勤する場合は、前任地の地域手当を3年間維持するという制度になっていたので、報酬面での不利益は緩和されていた。しかし、その制度もなしくずしに縮小されている。

裁判官については、地域手当を含む報酬を全国一律にしたとしても、おそらく家庭の事情などで東京近辺の任地を希望する者の方が多いのではないかと思われる。今のような地域手当の格差があれば、都会から地方への転勤に応じる裁判官は損をすることになる。私も含め、数多くの裁判官の報酬に対する不満は、主にこの点に集中している。他方で東京を出ないまま異動を重ねる「裁判をしない裁判官」たちは、高率の地域手当を継続的に保障されることになる。

裁判官には、裁判所法48条に基づく転勤拒否権があるのだから、もしも地方への赴任を拒否する裁判官が相次いだら、最高裁は一体どうするつもりなのだろう。

裁判官の報酬の憲法・裁判所法上の特殊性を全く考慮していない一般職の公務員の給与制度を、そのまま受け入れ続けている最高裁の態度には、疑問を禁じ得ない。

6 裁判官の「宿直」に手当は出ない

裁判官には休日・深夜手当がない。令状当番として休日に登庁しても、宿直として泊まり込んでも、裁判所庁舎の勾留質問室を使用した勾留の請求が来なければ、他の令状を何件出そうと特殊勤務手当は付かない。かつて、休日や夜間は警察が裁判官の官舎に令状請求に来ていた時代の名残のようだ。すべからく登庁して令状請求に対応するようになった現状は、全く反映されていない。裁判官が勝手に登庁しているという扱いなのだろう。

通勤手当についても、裁判官が一部自己負担となっている。特急料金は原則として自己負担である。通勤どころか、例えば、大分地家裁の本庁から一人支部への支部長裁判官の毎週の出張（填補）についても、JRの本数が都会に比べて極めて少ないため、事実上は特急に乗らざるを得ないにもかかわらず、特急とそれ以外との所要時間の差が国家公務員の給与関係法令所定の時間数に満たないため、支給されなかった。一人支部の支部長は押しなべて特例判事補

（任官後５年以上10年未満）が多く、それほど基本給が高いわけでもないので、非常に気の毒であった。

私も特急料金を自己負担している。さいたま地家裁川越支部の在任中、週１回、さいたま家裁飯能出張所に填補に通っていた。これも、所要時間の差が法令所定の時間数に満たないため、毎週、池袋と飯能の間を往復する西武の特急料金を自己負担していた。現任地の津地家簡裁に名古屋から通勤する裁判官は、私も含めて少なくないが、全員が近鉄の特急料金を自己負担している。

このような不合理な通勤手当の基準も、おそらく東京をはじめとする都会の鉄道事情を前提にして設定したものと思われる。通勤手当さえ確保しようと努力しない最高裁事務総局の「裁判をしない裁判官」たちは、職務怠慢と言うほかない。

7　裁判所は「会議が下手」

裁判所の会議の「在り方」は、弁護士会はもとより、民間企業などと全く異なるように思う。弁護士時代を懐かしく思い返しているのは、①そもそも弁護士増員を受け容れるか、②さらにその上限の引き上げを受け容れるかを「対決法案」とした2回にわたる連年の日弁連総会である。深夜まで大激論を戦わせ、私は、1回目は賛成したが、2回目は黙っていられず、予定外の発言をして反対した。増員自体には賛成だが、更なる増員は時期尚早で行き過ぎだという意見だった。私の任官後、増員の上限は一度も達成されないままに引き下げられたので、我ながら結果的にも正しい意見を述べたと自負している。

さて、まずは裁判所で最も重要な、最高裁・各高裁・各地裁・各家裁の裁判官会議の実情である。かつて、どこかの弁護士会が裁判官会議を傍聴したいと希望を出したが、裁判所からにべもなく断られたそうである。そりゃそうだろうと思った。見られたら、とても恥ずかしい。

裁判官会議の議題は、5～10分程度で終わってしまう。主要な議題は、その裁判所における事務分配（各裁判部・裁判官への事件の配点ルール）・開廷割（各裁判部・裁判官が何曜日にどの法廷を使用する権限があるか）を規定する裁判所規則の審議・可決である。簡単に変更点を説明しただけで、議長である長官・所長の「よろしいでしょうか」の一言で可決される。私はこれを株主総会の「シャンシャン総会」以下の「シャンシャンのシャンの音も聞こえぬ」裁判官会議と呼んでいる。このようになるのは、事前に根回しをして、事実上、成案を確定してしまっているからである。

それでも、私の経験では2回だけ出席裁判官から改正案や質問が出たりしたことがあった。

1回目はさいたま家裁の裁判官会議である。少年審判を担当していた大ベテランの裁判官が、同じ少年に対する後続の事件は、なるべく同じ裁判官に配点する規則に改正したらどうかというような提案だった。私も東京高裁で、同一当事者間の同一日に言い渡された離婚訴訟と関連訴訟（その内容によっては、現行法では家裁で併合審理できるが、当時は地裁の管轄で、別の事件記号が付され、基本的に併合審理はできないものとされていた。）の記録が控訴審に同時に届いた場合などに、連番の事件番号を付した上で別の民事部に配点していたことを極めて不合理に感じ、改正案を考えた経験もあったので、もろ手を挙げて賛成したが、突然の提案だったため、他の裁判官には顧みられず、否決された。

2回目は、私自身が勇気を振り絞って疑問を提起した質問である。横浜地裁に転勤して最初の裁判官会議で、私の転入を含む4月1日付けの事務分配の改正が、あろうことか所長の臨時「応急措置」で行われており、その追認を求められたからである。事務分配は裁判官会議の最重要議案である。それも、4月1日の定例の異動に伴う大改正である。所長に権限を委譲し続けて最後に残った最重要議案まで、たとえ形式的になっていたにせよ、裁判官会議の議決権を奪うのか。私は驚愕して予定外の質問をせずにはいられなかった。「前任地のさいたま地家裁では、3月に臨時裁判官会議を開催して毎年恒例の4月の事務分配改正案を議決していた。横浜地裁ではなぜ開けないのか。例えば、支部が遠方にあり、転勤直前の時期だから、裁判官全員が本庁に参集するのが難しいとか、何か事情があるのならば教えていただきたい。」と。これに対する議長であった所長の発言には更に驚愕した。開口一番、「君はこの議案に反対なのか！」と一喝してきたのである。私はひるまずに「そういう訳ではありません。ただ、事情を知りたいだけです。」と応答したが、結局、事情の説明はされなかった。おそらく、所長は、私のような問題意識を全く抱いていなかったため、答弁不能だったのだろう。当日の晩に開催された裁判官懇親会では、私より年配の弁護士任官者から「あんたの言うとおりだ。」と賛意が示された。その後日談で未確認情報ではあるが、私が大分地裁に転出した直後、横浜地裁でも3月に臨時裁判官会議を開くようになったと聞いた。

ちなみに、定例の裁判官会議は年2回で、毎年6月頃までと12月頃と、どの裁判所でも相場が決まっている。しかし、この時期には何も重要な議題はないので、なおさら裁判官会議は形骸化し、審議事項としての議案が皆無ということも多い。所長の応急処置を報告する程度で終わってしまう。この程度の会議に支部を含む全裁判官が参集しなければならないのだから、むしろ負担になっている。実際には、全裁判官が一堂に集結する年数回以下の機会なので、晩まで待ってその時期に見合った名目の懇親会（歓迎会・忘年会・送別会）を開催することが、新型コロナ蔓延までは多かった。蔓延後は長らく、それさえも開催しなくなってしまった。

このような無意味な会議を開催する一方で、無駄な会議が新型コロナ蔓延後に激増中である。設備が少ないため制約が多かったテレビ会議システムのみならずウェブ会議やズーム会議も利用できるようになったため、会議のための参集が不要となり、その反面として、交通費等の予算措置が不要となったので、実に気軽に新たな会議を立ち上げ、最高裁や高裁主催の会議を複数種類、毎月のように開催するようになった。その多くは、審理方法の改善であるが、そう簡単に成果が出るものではない。時間帯を日中に設定すれば貴重な開廷日が潰れるし、夜間にすれば裁判所が他方で標榜している「ワーク・ライフ・バランス」と真っ向から矛盾する。したがって、このような会議は極力設定すべきではないと思う。一応は「自由参加」の形を取っているが、名古屋地裁から「津と岐阜は大変だろうから、名古屋が出席して議事録メモを送ってあげる。」と大変有難いご配慮をいただき、それを真に受けて、裁判を優先して一度だけ欠席したら、「津はなぜ参加しないのか」という「天の声」がどこかから降りて来て、結局は毎回参加せざるを得なくなった。

要するに、「裁判をしない裁判官」が裁判自体や裁判官の私生活の邪魔をしているようなものである。しかし、こうした会議を一生懸命に開催することがどうも評価されるようだ。

最大の問題は、かつての「裁判官会同」であるが、現在は存在しない。

最高裁は、かつて、水害訴訟・原発訴訟・集団的労働訴訟などの担当裁判官を集め、係属中の裁判を抽象化した事例を出題して、出席裁判官たちに議論をさせた上、最後に事務総局付の裁判官が「最高裁の見解」なるものを発表し、内部資料として冊子にまとめ、下級審に配布するといったことを行っていた。このようなことは、裁判官の独立を侵害し、三審制を無意味にするものであることは明白であろう。しかし、誤った「正解志向」の下にあった当時の最高裁事務総局の「裁判をしない裁判官」たちは、このような誤った「指導」を下級審に対して行っており、その事実が社会に広く知られて指弾を浴びた。

現在は、主として司法研修所において、例えば「行政訴訟」、「建築訴訟」、「医療訴訟」あるいは「労働関係事件」といった分野別の研究会を開催して、全国の裁判所から参加希望者を募り、所属裁判所や裁判官経験を考慮してバランスよく選定された参加者から、あらかじめ出題を募り、事件が特定されるような出題を避けてなるべく抽象化しながら議論を促すように配慮している。当局が最後にまとめの意見を示すようなこともない。私も十回近くは参加しているが、特に問題を感じたことはない。その点は、最高裁の下にある司法研修所を信頼している。

司法研修所の教官たちは、法律問題のみならず社会科学・自然科学全般にわたってよく勉強しており、講師や演題の設定に関しては、その識見に敬服することも多い。裁判官の研修から司法修習生の教育まで含めて、「裁判をしない裁判官」の中では、よく頑張っていると思う。

8　裁判所は「朝令暮改」が珍しくない

逆に、問題が多いと思われるのは、家裁の指導をする立場にある「裁判をしない裁判官」である。例えば、成年後見事件では、方針が目まぐるしく変わった。成年後見人による横領を心配して、弁護士等の専門家を推奨した上、信託制度の利用を推進した時期から、報酬が低廉な市民後見人の推奨へ、あるいは、重箱の隅をつつくような細かい指示を仰がせるように指導した時期から、成年後見人の「裁量」の尊重へ、といった極端な方針変更が繰り返され、家裁実務を担当する裁判官・書記官・家裁調査官を右往左往させてきた。それこそ、家裁の裁判官たちを信頼して「裁量」に任せ、自然と合理的な方針に集約されるのを見守ればよいものを、これも誤った「正解志向」により、トップダウンの朝令暮改をしてきたのである。

同様の方針変更は、地裁の民事事件においても行われた。例えば、私の大分地裁の部総括当時、法廷外の期日も含めて原則として書記官に立会をお願いしていたところ、当時の所長から立会をさせないように指導された。私は期日をごく短時間で済ませて書記官の負担にならないようにしているからと説明すると、後に「君は僕に口答えをしたね」と非難される始末であった。その後、最高裁の主導下に、書記官の立会を含む役割の位置付けが見直され、いずれかといえば私の方針が公認されるに至っている。このように「裁判をしない裁判官」が「指導」と称して審理方式にまで口出しするのは、裁判官の独立に対する不当な干渉であり、結果的にも個々の裁判官の流儀による訴訟進行を侵すものであって、非常に迷惑である。それが、長らく裁判実務から離れていた「裁判をしない裁判官」には判らない。

なお、裁判官が互いに「独立」を侵害しないようにしながら、裁判官による極端な格差を解消するためには、「申合せ」という形式による取り決めが多用されている。かつて、代表例は、国選弁護人の報酬基準であった。なぜこれを「申合せ」にするかというと、法律でも裁判所規則でもない報酬基準には法的拘束力を持たせることができず、いわば裁判官の「紳士協定」にとどめざるを得ないからである。したがって、特殊・例外的な事情があれば、基準から外れた報酬を決定することも何ら問題はなく、むしろそうすべきである。私も、さいたま家裁飯能主張所で、形式的な基準を適用しただけでは財産管理人の報酬が安すぎると考えた事案で、理由付きの審判書を書いて破格の報酬を決定したことがある。基準は一人歩きする嫌いがあるので、裁判官は、あまりにも縛られすぎないように留意することも必要であろう。逆に、裁判官が縛られていることを前提に、本来はこの程度の位置づけであるべき基準の公表を要求し、それに当てはめて報酬の当否を論じようとする一部の風潮には、私は賛同できない。

9　裁判所は「秘密主義」で広報が下手

裁判所は、正式な下位法令としての裁判所規則以外にも、大量の司法行政文書を作成する。その多くは秘密とされているが、中には、なぜこの程度の無内容な文書を秘密にしなければならないのかと、首をひねらざるを得ないものも散見される。公文書開示請求に対する不開示が問題にされることもあり、最高裁の審査会では毎月何件もの決定がされているが、その大半は特定の弁護士による開示請求に対応したものである。行政機関のような法律に基づく公文書開示制度ではなく、当然のことながら司法部門の文書、例えば裁判官の手控えや合議メモを開示できないことは当然である。しかし、例えば、各裁判所の規則である事務分配のルールを原則開示することとして冊子にして公表するなどすれば、裁判所がいかにして事件配点と裁判官の負担の中立公平に配慮しているか、また裁判官の員数不足にも苦労して対処しているか、社会の共通認識が得られるのにと、とても残念に思っている。ごく一部ながら、こうした内容も含めて開示された文書をインターネット上で公開している弁護士もいるので、探して見てほしい。

これと関連するが、裁判所は明らかに広報下手である。そもそも、産み出した商品、すなわち判決や和解事例を積極的に公表しようとしていない。将来の書記官候補である事務官採用の志望者が少ないことを嘆く前に、裁判所がいかに素晴らしい仕事をしているかという宣伝をすべきであろう。

10　裁判所は「指導」がお好き

最高裁事務総局や地家裁所長の一部が、裁判官に対して誤った「指導」をしがちなことは、既に述べたとおりである。

最大の問題は、部総括裁判官ないし裁判長に、陪席裁判官を「指導」することを要求する内容の「指導」をしがちなことである。合議体の評決において対等に一票ずつを有するにすぎない裁判長が両陪席を「指導」することの問題性は、説明するまでもないと思われる。せっかく合議事件にした意義を台無しにしかねない愚挙と言ってよい。現代の複雑困難な事件が持ち込まれる裁判において、先輩裁判官の意見が正しいとは限らないからである。むしろ、裁判長は、両陪席にも自由に意見を言ってもらい、対等に議論を闘わせるように配慮すべきである。この程度の当たり前のことが「裁判をしない裁判官」には判らないようである。

同様に、失礼極まりないと思うのが、最高裁事務総局が、例えば、家裁の調停を主宰する裁判官に対し、調停委員に対する「指導」を要求してきていることである。したがって、自薦・他薦の候補者から選出される調停委員の採用手続においても、裁判所の態度は「上から目線」になりがちであり、これに立腹して応募を撤回する候補者も稀ではないと聞く。

調停委員は、刑事事件の裁判員と同様に、いやそれ以上に、良識を有する立派な市民を代表し、評決においては裁判官と同じく一票を有している。それを「指導」せよとは何様のつもりかと思われてもやむを得ない。裁判所がこのような態度であれば、私でさえも、退官後に調停委員は絶対にやりたくないと思う。そもそも、調停委員に対する日当は、恥ずかしくなるほど些少な額である。この程度の日当を目当てにして調停委員になりたいと考える市民は、ほとんど皆無と思われる。「お願いします」ではなく「採用してやる」という態度を示す裁判所職員は、経済感覚が狂っている。

11　裁判所は「情報提供」がお好き

裁判所内において、上級審や事務当局が裁判官に何かを伝える際には、必ず「情報提供です」という一言を伝える。最初は何のことやら分からなかったが、要するに、裁判官の独立を侵して、何かを指示するものではないという念押しのためであると理解している。よくある類型の事案で重要な最高裁判決が出た場合にも、その直後からこのような「情報提供」がされる。最新の最高裁判決を知らないまま、これに反する判決をしてしまう下級審裁判官が出ないようにするためであることは明らかであるが、それでも飽くまで「情報提供」である。

本当に、裁判官の独立を尊重した上での「情報提供」であれば、問題はない。しかし、全てがそう言い切れるかどうか、特に、勝手に最高裁事務総局の意向を忖度して配下の裁判官の審理方針を誘導しようとする地家裁所長がいないかどうか、疑問を禁じ得ない。

12　裁判所は「統計」がお好き

裁判所は、実に統計が好きである。毎年「司法統計年報」という分厚い集計結果を発行しており、最近はこれに裁判迅速化法に基づく数年ごとの報告書が加わった。平均審理期間がわずかながら長くなったとか短くなったとかで、当局は大騒ぎするのが恒例である。裁判には、例えば貸金業者に対する過払金返還訴訟の多寡をはじめとして、時勢による傾向があるので、暦年の平均審理期間を単純に比較することは、大した意味がない場合が多い。わずか一か月未満の数値に一喜一憂して下級審に「情報提供」と称する指示を飛ばす暇があったら、目の前の長期未済事件を含む裁判の審理に時間を割くべきである。そもそも、裁判が遅延しているのであれば、それは基本的に裁判官不足に起因しているのであるから、司法予算の増額に全力を注ぐべきである。そんな簡単なことが、「裁判をしない裁判官」には分からない。

裁判で最も重要なのは、下級審の判決が正当なものであり、当事者の納得を得ているかどうかであろう。したがって、統計を取るとしたら、最も重要な項目は、上訴率（判決に対する控訴・上告の比率）及び変更率（控訴・上告により原判決が変更された比率）であろう。しかし、驚くべきことに、これらの率は統計の対象とさえしていない。主な統計は、各裁判所や事件種別ごとの新受件数・既済件数・未済件数と平均審理期間・長期未済件数くらいである。これでは、当事者の意向等にかかわらず、無理をしてでも審理を促進しようとする裁判官が生じるのも自然な流れであろう。ちなみに、私は、津地裁本庁民事裁判長として、上訴率と変更率の顕著な低さを自負しているが、そのようなことは統計に現れないので、全く評価してもらえない。

13　裁判所は「事なかれ主義」である

裁判所は、典型的な「事なかれ主義」に支配されている。予算が無いことにも起因するが、とにかく新しいことをしようとせず、市民向けや事務官採用希望者に対する広報もおざなりにされている。官僚主義の通弊として、新機軸を打ち出して失敗すれば責任を取らされるが、何もしなければ少なくとも失点はしない。したがって、長官や所長も、着任したからといって前任者と何か違うことをしようと意気込む者は皆無に近い。そうであれば、わざわざ裁判の担当を免除してまで、高給の「裁判をしない裁判官」を作る必要はない。

それどころか、個々の裁判官の取組みを邪魔しようとする長官・所長もいて、岡口基一元裁判官や私のＳＮＳに対する干渉はその典型である。何か問題発言が書き込まれた場合に、騒ぎに巻き込まれることを嫌うのだろう。

それ以外にも、私が大分地裁で体験した実例を以下に示そう。

ある日、所長室に呼ばれた。何の話かと思ったら、裁判所外のある団体のシンポジウムの講師としての招聘が来ているが、断れと言うのである。その団体とは、大分県の医師団体であった。そもそも、その講師派遣は、前任の所長が約束を取り付けていたもので、前所長からも直に依頼され、私は快諾していた。新所長が派遣に消極的な理由は、表向きには、医療過誤裁判も担当する可能性がある裁判長が医師団体の会合の講師に赴くことは、裁判官の「公平らしさ」を害し、患者側から批判されるおそれがあるなどという、私に言わせれば取るに足りないものであった。そんなことならば、患者側の団体からも講師に呼んでもらえばよろしい。それを断った時に初めて問題になることであろう。それに、前所長が約束し、私も承諾していたものを一転して断ったとすれば、私の立場はどうなるのだろうか。かえって大分地裁に対する信頼が損なわれるだろう。そんな簡単なことが「裁判をしない裁判官」には分からない。ただただ、問題が起こる可能性をゼロにするために、「事なかれ主義」を貫くだけである。もちろん私は断固として新所長の指導を拒絶して、予定どおり休日を返上して医師団体のシンポジウムに出席した。当時施行されたばかりの「医療事故調査制度」をテーマにするものであり、私にも極めて有益だった。その模様は報道もされたはずだが、もちろん患者団体からのクレームなど全く無く、新所長の杞憂に過ぎなかった。こんな人物に振り回されるのはこりごりであったが、同様の被害を何度も受けたことは、別に述べたとおりである。そして、この程度の人物であっても東京高裁部総括になり、先頃無事に定年退官を迎えられたが、ついに高裁長官に任命されることはなかった。

14　裁判所は「過誤」を過剰に恐れる

他方で、裁判所は全体として些細な過誤を恐れ、神経過敏になっている。

実例を挙げよう。数年前のことであるが、最高裁事務総局が深刻な事務処理上の過誤であるとして、大規模な調査をして発表した案件があった。

一つは、法務局に書類を送るために申立人から納めさせていた切手を、同種事件をまとめて送付することによって節約し、プールしていたという件である。元々、一件で申し立てても必要な切手を申立人に納めさせているので、不正とまでいえるのかどうかは相当微妙である。弁護士も、複数の依頼者の事件でたまたま同じ日に時刻を違えて同じ裁判所に出張した際に、それぞれ交通費・日当を受け取ることがあろうが、必ずしも折半しなければ不正請求だとは認識されていないと思われる。ましてや、浮いた切手は着服していたわけではなく、裁判所の他の事務に流用していたという。

もう一件は、申立人から納めさせていた切手を、他の事件で納められていたより細かい金額の切手に両替していたという事件である。正直なところ、その何が不正なのかよく分からないような次元の話だ。切手でなく現金であれば、両替がおよそ問題になり得ないことからしても明らかだろう。

ところが、最高裁事務総局はこれらを重大な過誤として大規模な調査を遂げ、準備万端整えて記者発表して謝罪した。案の定ほとんどのマスコミには相手にされず、ほとんど記事にもならなかった。重大発表があるものと信じ込んで会見に呼び集められた記者たちの呆れ顔が目に浮かぶようだ。

裁判所だから、過誤の無いように細心の注意を払うのは良しとしよう。そうであれば、もっと重大な過誤はどうなのか。最近発覚したばかりの記録廃棄事件などは、既に退官して責任の取りようがない最高裁事務総局の元裁判官たちのミスリードのせいにして許されるレベルの話ではなかろう。

そもそも、裁判で最も重要なのは誤判をしないことである。しかし、令状については、発付自体の当否は一切問わずに、押印をはじめとする細かな形式の不備のみを殊更に問題にする。冤罪事件については総括さえしない。極めてアンバランスな感覚も「裁判をしない裁判官」の特徴である。

15 裁判所は「年功序列」で老人支配

裁判所は、日本で古き良き「年功序列」がまだ残っている官庁である。よほど差別的な人事を受けない限り、多くの下級裁判所の裁判官は、判事補任官後、地裁左陪席→地裁右陪席・支部長→高裁左陪席→地裁部総括→高裁右陪席→地家裁所長→高裁部総括といった具合に昇進して行き、それに伴う昇給を受けて、六五歳の定年を迎える。高裁長官は八人で一年交代としても同期の裁判官のごく一部しかなれず、最高裁判事は裁判官出身者が六人で、定年七〇歳まで平均六年程度務めるため、年にポストが一つ空くかどうかであり、その前に六五歳の誕生日が来てしまうと資格を失うので、就任はかなり運しだいという面がある。よほどの野心家でない限り、天任せにして狙っていないと思われる。ましてや、最近は、最高裁判事のみならず、高裁長官の人事まで政権側が選択権を主張し、複数候補者の推薦を最高裁に求めているという（朝日新聞連載）。ついに、政権に嫌われれば、最高裁判事はおろか高裁長官にさえなれない弱い司法に成り下がってしまった。

最大の問題は、最高裁判事一五人全員が、裁判官出身者の年齢層に合わせる形で、六〇歳代後半の者ばかりで占められていることだ。これは、戦前の大審院でさえ回避していた極めていびつな構成である。ちなみに、最高裁判事の年齢資格は、裁判所法では四十歳以上とされているが、六〇歳未満で就任した最高裁判事は、前例も含めて皆無に近い。

このような高齢化が、最高裁の判断にどのような影響を及ぼすか。

最近の分かりやすい例として、選択的夫婦別姓訴訟の二回にわたる最高裁大法廷判決における意見の分かれ方を見れば、一目瞭然と思われる。

まず、一回目の平成二七年（二〇一五年）一二月一六日の判決。夫婦同姓を強制する現行民法の規定を裁判官一〇人対五人（任命順に、櫻井龍子（官僚出身）・岡部喜代子（学者出身）・山浦善樹（弁護士出身）・鬼丸かおる（弁護士出身）・木内道祥（弁護士出身））の多数決で合憲とした。

次に、二回目の令和三年（二〇二一年）六月二三日の決定。同様に現行民法・戸籍法の規定を一一人対四人（任命順に、宮崎裕子（弁護士出身）・三浦守（検察官出身）・草野耕一（弁護士出身）・宇賀克也（学者出身））の多数決で合憲とした。二回目の大法廷判決であっただけに、合憲から違憲への判例変更が期待されたが、どうも、当初係属していた第二小法廷が長官を除いて二人対二人の同数に意見が分かれたため大法廷に回付したようだ。

少数意見の裁判官は、その間に全員入れ替わっているが、一回目の判決では五人中三人までが女性であり、二回目の決定でも四人中一人が女性である（宮崎裁判官は戸籍上の氏は竹内であり、通称使用者である。）ことが注目される。おそらく、最高裁判事の半数である七人までを女性が占めるに至れば、これまでと同様に男性裁判官の一部の同調を得て多数派を形成し、違憲判断への判例変更が容易に行われると予想される。

それよりも、このような年齢構成の最高裁で良いのかどうかである。既に世論調査では、青年・中年層を中心に、選択的夫婦別姓への法改正を支持する意見が過半数を占めてきている。それにもかかわらず、合憲判決が重ねられているのは、このような最高裁のいびつな年齢構成に原因があると指摘せざるを得ない。裁判官出身者・検察官出身者にとっては、最高裁判事が通常の定年後も七〇歳まで勤続することができる最高ポストであるから、六〇歳代での就任もやむを得ないかも知れない。しかし、その他の官僚や学者・弁護士出身者枠については、四〇歳代・五〇歳代の最高裁判事を任命すべきであろう。そうしなければ、平均的な国民世論とかけ離れた時代遅れの判例が積み重ねられることになってしまう。

裁判所が司法修習生に不人気なのは、高裁長官や地家裁所長ら「裁判をしない裁判官」による裁判官のＳＮＳへの対処も含め、このような古い体質と感覚にあると思う。

尊敬する滝井繁男元最高裁判事（弁護士出身）に『最高裁判所は変わったか』（岩波書店、２００９）という名著があった。平成時代の最高裁は、司法改革や政権交代の影響もあって若干のリベラル化の傾向が見られ、私も大いに期待していた。しかし、現状の最高裁は、一貫して保守的で狭量とさえいえる政治的な任命人事の結果もあって、昭和時代への先祖返りをしていると評さざるを得ない。

かつて、日本テレビ「巨泉のこんなモノいらない⁉」という人気番組があり、平成元年九月一七日の放送では「最高裁判所」が取り上げられた。番組本の最終巻（大橋巨泉『巨泉のこんなモノいらない⁉　決定版〈第３巻〉』（日本テレビ放送網、１９９０））の最終章に収録されている。

最上級審であり、憲法判断と判例統一も必要であるから、さすがに最高裁がいらないとは言わない。最高裁判事を補佐する最高裁調査官も不要とは言わないが、本当は滝井元最高裁判事も提唱されていたように、アメリカ連邦最高裁のように各裁判官が雇い入れるロー・クラーク制の方が優れていると思う。

それにしても、常に数十人もの「裁判をしない裁判官」を擁している最高裁事務総局が本当に必要なのか、疑問を禁じ得ない。優秀な書記官・事務官にやってもらえばよい仕事ではないのか。裁判官であるからには、下級裁判所で裁判を担当してもらった方がはるかに良いと思う。下級裁判所の重要な事項も、長官や所長に安易に委任せず、原則どおり裁判官会議で討論して決議し、全員で裁判を分担した方が良い。そのためであれば、年に一日や二日は裁判官会議に費やしても惜しくはないと思う。

私は仮に六五歳の定年まで勤めたとしてもあと数年に過ぎなくなった。国民が真に「憲法の番人」として期待し、後進が希望に胸を膨らませて裁判官・事務官として入って来る、そんな裁判所に変わってほしいものだ。

コラム7 「何とかしてくれよ！」

私が東京地裁で右陪席裁判官を務めていた頃の記憶である。

所属する裁判官の懇親会で、別の部の部総括であった裁判官が、私に寄って来て、「竹内、何とかしてくれよ！」と声を掛けてきたのだった。要するに、最近の新任判事補たちが押し並べて大人しすぎ、物足りない。元気な弁護士任官者たちが活を入れてほしいという話だった。

時は流れて、その裁判官は、出世を重ね、東京高裁長官を経て、最高裁判事になった。岡口裁判官と対峙した林道晴裁判官その人である。

もう、私の言いたいことは、分かっていただけるだろう。

あの時の言葉を、そっくりそのままお返ししたい。

「何とかしてくれよ！」

コラム8「いつ所長になるの?」

名古屋から弁護士任官して当初の11年間は、東京・川越・横浜と、東京から通勤圏内で転勤させてもらったので、妻と二人で官舎暮らしをした。

国家公務員の官舎は役得のように言われることが多いが、建物が古く、立地が不便な割に家賃もそれなりに徴収されるので、最近は入居しない裁判官も多い。何よりも嫌がられるのは、裁判官の家族、特に妻どうしの関係である。相手の夫が高裁部総括であれば「偉い方」と呼んで持ち上げ、次は誰が地家裁所長に昇進して官舎を出て行くかの下馬評で持ちきりになる。出世が遅れていると見做された裁判官の妻は、いたたまれないだろう。一昔前のNHKテレビの人気番組「サラリーマンNEO」の「社宅の妻たち」を地で行くような世界が展開される。表面的には仲良く交際しているように見せかけながら、裏では陰口を言い合うサイコパス的な人もいる。この辺りの事情は、いずれ妻に語ってもらおうかと思う。

このような「官舎妻」たちに、「お宅の旦那さんは、いつ所長になるの？」などと日常的に聞かれたら、私のように所長になどなりたくないと思っている裁判官の妻には耐えられないだろう。遠方の大分に転勤になったのを機会に、その後は、民間やＵＲのマンションを借りて、官舎には入らないことにしている。

第5章

裁判官ブログとは何か

【この章は、令和5年11月22日、裁判官弾劾裁判所の公判に岡口基一裁判官の弁護側証人として出廷するに当たり、私が証言したい内容を陳述書の形にしたものなので、ですます調で執筆してあります。

実際の証言は、午後2時開廷の当日2人目の証人で、主尋問・反対尋問各30分と制限されていますから、私が直接体験した事実を中心に証言することになりますが、私の意とするところをご理解いただくため、全文を公表することにしました。

フジテレビの人気番組「私のバカせまい史」になぞらえれば「裁判官ブログ弾圧史」編の章になっています。もし、私にプレゼンテーションをさせてもらえれば、優に1時間番組は作れる分量になっていると思います。】

証人陳述書

津地方裁判所　部総括判事　竹内浩史

1 経歴等

(1) 私は、司法研修所（39期）を卒業した昭和62（1987）年4月に名古屋で弁護士登録し、中部弁護士会連合会の推薦を受けて、平成15（２００３）年４月に裁判官に任官した「弁護士任官者」です。任官以来、東京高裁・東京地裁・さいたま地家裁川越支部・横浜地裁・大分地裁（部総括）・大阪高裁・名古屋高裁での勤務を経て、令和３（２０２１）年４月から、津地方裁判所本庁の１か部しかない民事部で部総括判事（裁判長）を務めています。裁判官としては21年目を迎え、憲法上の任期は10年ですから、今年４月に内閣から３回目の任命を受けています。

⑵　他方で、私は実名で弁護士任官者であることを明らかにして「弁護士任官どどいつ」というブログを20年近く続けています。現職裁判官のブログは、現在では、岡口裁判官と私のほかには、匿名ながら「かけ出し裁判官Ｎｏｎの裁判取説」くらいしか見当たりません。

⑶　私が弁護士任官した直前には、平成13（２００１）年４月26日に成立した小泉政権の下で、同年６月12日に司法制度改革審議会意見書がまとめられ、その柱の一本として「弁護士任官の推進」が位置付けられました。その具体策として、日弁連は高裁の管轄に対応した８ブロックの弁護士会連合会ごとに、弁護士任官候補者の適格審査をする委員会を新設し、弁護士だけではなくマスコミ・学者・企業・消費者団体等の各界委員を集めて推薦の可否を決め、その推薦状を添えた裁判官任官の願書については、最高裁は十分に尊重するという取決めが

成立しました。私は、この枠組みによる「弁護士任官者」の第2期生（中部弁護士会連合会推薦第1号）になります。

(4) また、私の裁判官採否を最高裁が審査中の平成14（2002）年11月6日には、町田顕最高裁長官が就任していました。町田長官は、平成16（2004）年10月の新任判事補の辞令交付式のあいさつで「ヒラメ裁判官はいらない」と発言したことが広く報道され、話題になりました。平成司法改革の積極面が効果を発揮し、比較的リベラル派と目されていた町田長官の下で、この頃の裁判官はとても元気でした。そういう時代でなければ、裁判所に巣食う「事なかれ主義」が支配し、弁護士時代に市民オンブズマン活動で活躍していた私などは裁判官に採用されなかったかも知れません。

2 証言の趣旨

(1) 私は、岡口基一裁判官と実際に会ったことは、実は一回しかありません。かつて、岡口裁判官が水戸地裁に勤務していた同時期に水戸地裁部総括をしていた先輩弁護士任官者が紹介してくれることになり、私が週末に東京から水戸を訪問し、夕食にご当地名物の納豆と鮟鱇の料理をご馳走になりながら、親しく歓談し、同じ現職裁判官ブロガーとして意気投合しました。その際に、当時の水戸地裁所長から「ブログをやめてくれたら、知財高裁に推薦するんだけどな」と持ち掛けられて困っていると打ち明けられた事が、とても印象に残っています。この訪問は、２００６年（平成18年）11月20日（月）の私のブログにその時の感想が書いてありますから、その直前の金曜日、つまり同月17日（金）の夜の事だったと思われます。

その後は、お互いのブログをたまに覗いて引用するというような接点があるだけでした。

(2)　それくらいの間柄にもかかわらず、私が岡口裁判官の弁護側証人になることにした動機は、私も数少ない現職裁判官ブロガーの一人として、岡口裁判官をあの程度の理由で処分させてはならないと前々から思っていたからです。岡口さんが来春をもって任期満了退官されると聞いてから、絶対に罷免させてはならないという思いは強くなりました。もはや傍観しているわけにはいかず、遅ればせながら「走れメロス」の主人公になったつもりでいます。

(3)　裁判官弾劾裁判所は、三権分立の一環として憲法に規定され、国会議員で構成されているものなので、現職裁判官が直接意見を述べると問題にされる可能性があると考え、これまでは私のブログでも必ずしも態度を明確にはしていませんでした。

しかし、証人としてであれば、自分の経験した事実を踏まえて率直な見解を述べることが妨げられる理由はありません。むしろ、そのような証言義務があります。そのような立場から、一切の忖度なく、証言を引き受けることにしました。

(4) 初めに、本件に関する私の見方を要約すれば、次のようになります。

① 私のブログも何度も干渉を経験してきたように、裁判所の一部には裁判官のブログをやめさせようという策動があると見られる。

② 岡口裁判官に対しても、ブログをやめてくれたら知財高裁に推薦するなどと取引を持ち掛けた所長がいた。

③ 岡口裁判官や私が所属する裁判所の長官・所長は、ブログにクレームを付ける機会を狙っていた。

④ 岡口裁判官は、白ブリーフ姿やSMプレイで全身を縛られた姿を投稿するなどし、東京高裁長官から2回にわたり厳重注意処分を受けた。それが広く報道されたため、岡口裁判官の実績と人となりや、ブログの全体像を知らない一般人は、あたかも岡口裁判官がとんでもない「変態」裁判官であるかのように誤解した。

⑤ 岡口裁判官は、ブログを続け、捨て犬を巡る民事裁判の判決を報じた記事に接し、紹介するためにブログで引用した。その裁判で勝訴した原告が、記事の内容に不満を抱き、東京高裁に岡口裁判官のブログに対するクレームを入れたことがきっかけで、東京高裁長官

が最高裁に裁判官分限裁判の申立てをした。申立ての理由は極めて不十分なものであったが、最高裁大法廷は、これを岡口裁判官に不利な方向で善解し、実質的には申立てとは全く異なる理由を案出して戒告決定をした。

⑥　岡口裁判官は、裁判所ホームページの基準に反して掲載されていた東京高裁の性犯罪の刑事判決を紹介するためにブログで引用した。ところが、岡口裁判官は、厳重注意処分の件で「変態」裁判官であるかのように思われていたため、性的な興味本位で引用したものと誤解されてしまい、遺族が高裁にクレームを入れた。高裁長官はこれに乗じて、最高裁に再度の裁判官分限の申立てをし、最高裁は他のブログの記事まで含めて合わせ技で再度の戒告決定をした。もっとも、分限処分を相当とする反面として、裁判官弾劾事由までは認めなかった。

⑦　岡口裁判官は、このような経過に不服を抱き、遺族とやり取りする中で、言わば筆が走って「洗脳」などという不適切な言葉を使ってしまった。これに憤った遺族は裁判官訴追委員会に申立てをし、同委員会はそれまでの岡口裁判官の長期間にわたる行為を細かく列挙しながら、これを「一連」のものとして、罷免請求に及んだ。

3　私の体験

(1)　そもそも私のブログ「弁護士任官どどいつ」は、東京地裁勤務当時に、裁判所の肝入りで始めたものです。正確には、東京地裁の裁判所共済組合の企画で、受講料を補助されて「ブログを始めよう」という外部講座に参加させてもらえるコースがあり、抽選に当たって参加しました。

裁判所共済組合は、一応は裁判所とは別組織といっても、事務局は裁判所内にあり、裁判所職員が実務を担っていて、東京地裁支部の長は所長です。当然のことながら、裁判所共済組合の企画については所長の決裁を得ていたはずです。当時の所長は、後に最高裁判事になった金築誠志さんで、親友として音楽家の池辺晋一郎さん（東京大空襲被害者の補償等の運動もしている方です）を招いて講演会を開くなど、とてもリベラルな方でした。当時は、裁判員裁判の施行（平成21（2009）年5月21日）を間近に控えており、最高裁判事も、国民審査直前の新聞各社のアンケート取材に答えて、裁判官の情報発信を推奨していました。最高裁判決にも一時的にリベラル色がうかがえるようになりました。私も弁護士任官者として「裁判官の市民的自由」を広げる活動を実践したいと思っていたので、まさに「渡りに船」と参加希望を出したのです。

このような雰囲気の中で、平成18（２００６）年３月８日の晩に外部のパソコン教室で開かれたブログ開設の講習会には、私も含めて数十人の裁判所職員が参加しました。講師から、その場で与えられたパソコンから試験的にブログを開設するようにやり方を指導され、私は趣味として始めていた都々逸のブログを開設しました。ブログのアドレスの末尾が「ｇｏｏｔｅｓｔ３２」となっているのは、この講習会の主催者であったｇｏｏが試験的に開設させた出席番号32番の受講生のブログという意味です。裁判所の肝入りで開設したブログであるという証拠を残すため、アドレスは変更せずに使い続けています、

ちなみに、私が都々逸を趣味にしたのは、任官の直前に、弁護士時代の地元であった名古屋の宿場町「熱田宿」が、都々逸の発祥の地であることを知り、名古屋の中日文化センターの講座で手ほどきを受けることにしたからです。

日本テレビの「笑点」で、月に一回は「都々逸を作って下さい」というお題が出ますが、「七・七・七・五」に表現したいことをまとめれば良いだけなので、短歌や俳句よりも取っ付き易く、とても庶民的な芸能だと思います。

私は、一日一都々逸を目標に投稿を継続して、18年近くになりました。

(2)　私がブログを始めた頃は、他にもブログを開設する裁判官は決して少なくなかった記憶で

す。

そんな中である日、匿名ながら、東京地裁の新任判事補と思われる裁判官が、裁判長からの日常的なパワハラに苦しんでいることを綿々と書き連ねているブログがあることを、妻が発見して私に教えてくれました。これは看過できないと思い、プリントアウトしたものを私の配属部の裁判長に渡して相談しました。この時の裁判所の対処は、模範的なものでした。うちの裁判長から知らされた所長（代行）は、直ちに問題の裁判長を異動させ、その判事補と引き離したのです。パワハラに対する対処は、とにかく引き離すのが鉄則とされています。私も最近、部内の職員間のパワハラにつき上司を的確に指導しなかったという理由で、裁判官人事評価で所長からマイナスを付けられたことがありました。しかし、こういう場合には、所長自身が人事権を行使すべきなのです。このような責任転嫁をする所長は、不見識かつ不適格というほかありません。

こうして、東京地裁のパワハラ問題は無事解決したのですが、当該判事補は引換えにブログをやめざるを得なくなったようで、とても残念に思いました。

そして、この頃から早くも、裁判官ブログに対しては、推奨から禁圧へと方向が変わったように思います。水戸地裁所長が岡口裁判官に対してブログをやめないかと迫ったのも、その頃だったことになります。裁判官以外の裁判所職員のブログも次々にやめさせられていきました。

その間の、平成18（２００６）年９月26日には安倍政権に交代し、同年10月16日には最高裁長官も島田仁郎長官に交代しています。

裁判所は、長い間、とても保守的で前例踏襲の臆病な組織になっています。世間となるべく問題を起こさないために、裁判官は「沈黙は金」とばかりに、担当する裁判の仕事以外では黙っていてほしいという雰囲気が感じられます。一時的なＳＮＳ奨励も、裁判員裁判を推進するための方便にすぎず、「裁判官の市民的自由」というバックボーンが欠けたものであったため、ごく短期間で先祖返りしてしまったのではないかという感があります。

結局、岡口裁判官や私のような現職裁判官ブロガーは、極めて少数派の異端として孤立させられることになってしまいました。あとは、親しい人に限ってＦａｃｅｂｏｏｋをやっている裁判官が少数いるくらいのようです。

⑶　私のブログに対しては、都々逸がなかなか面白いと褒めてくれる先輩・同僚の裁判官もたくさんいました。

一転して、突然あからさまな攻撃を受けるようになったのは、大分地裁部総括時代です。

ある民事裁判が一見して明らかな不当訴訟だったので、一回で結審し、迅速に原告敗訴判決をしました。この原告は、士業の端くれでありながら、業界内外で度々トラブルを起こして所属会や監督官庁から繰り返し懲戒処分を受け、所属会や同業者らを次々に訴えていた人物だったので、一刻も早く被告を救済すべき事案と思われたからです。

それから間もなく、ある日、村上正敏所長から電話で用も告げずに突然呼び出されました。何事かと思って所長室に入ると、所長は傍に書記として裁判所職員を座らせており、いきなり裁判所への投書を私に突きつけて、本文だけを見せ、査問を始めました。

その投書の内容は、私のブログに差別的な投稿が複数あるから、岡口裁判官と同様に処分せよというものでした。具体的には、まず、当時スキャンダルとして報道されていた障害者の国会議員の不倫事件を題材にしたことが「障害者差別」である、また、当時中日ドラゴンズの和田選手の頭髪が薄いことに触れた投稿が「禿頭差別」であるなどという、全く取るに足りないものでした。もう一つ何か「差別的な投稿」の例が挙げられていましたが、あまりにも下らない揚げ足取りだったので、覚えていません。

「私も舐められたもんだ」

このような仕打ちに、弁護士任官者として怒りが沸々と湧き起こりました。

「そんな馬鹿な投書を送って来たのは誰ですか」

尋ねた私に、所長は驚くべき発言をしました。

「誰が言ったかによって、内容が正しいかどうかが変わりますか」

こんな人が所長をしていることに一瞬は唖然としましたが、テレビドラマの半沢直樹になったつもりで、即座に言い返しました。

「当たり前でしょう」

所長は予想外の私の答に絶句していました。

しかし、悪人が裁判官を騙そうとして、もっともらしく正義面をしてやって来るのが民事裁判です。それを見抜くのが民事裁判官の役割であると言っても過言ではありません。この程度のことが分かっていなければ、裁判官失格だと思います。

この査問は、私の逆襲を受けて物別れに終わりましたが、終わった直後に気が付きました。投書をしたのは、私が一回結審で敗訴させたばかりのあの人物だったのです。なぜそれが判明したかというと、投書の文言と、その裁判の準備書面の文言に、その人物しか使わないような極めて特徴的な共通点があったからです。この事実を示すため、その裁判の資料を所長室に届けたら、所長からの攻撃はピタリと止みました。

この一件は、平成28（2016）年7月23日の私のブログで題材にしていますので、その直前の事件だったと思います。

そして、岡口裁判官が東京高裁で二回にわたって厳重注意処分を受けた時期（平成26（2014）年6月21日一回目・平成30（2018）年3月15日二回目）と前後してほぼ重なります。

このように、裁判官ブログを攻撃してくる人物には、裁判官に恨みを抱く者が少なくないことが容易に推察されます。不満な判決をした裁判官への「意趣返し」とか「逆恨み」、果ては自分の事件とは無関係の裁判官に対する「八つ当たり」といった類です。裁判官弾劾裁判所への罷免訴追請求も、そのような類のものが多いと仄聞しています。

私が違和感を覚えたのは、本来は地家裁所長は、こういった外部からの不当な攻撃に対し、裁判官を守るのが任務だったはずではないか、いつから、クレームの真偽や意図を確かめようとさえせず、当該裁判官に対する攻撃のお先棒を担ぐようになってしまったのか、ということでした。こんな地家裁所長ならば要らないと思います。

私は自分が攻撃を受けるまで、批判されている「官僚司法」とは何のことやら、よく分かっていませんでした。しかし、大分地裁で部総括となり、典型的な官僚裁判官である所長と対峙したおかげで、大いに合点が行きました。要するに、司法行政が肥大化して、裁判所の組織の中で優位に立つようになると、現場の裁判官を見下し、あたかも部下であるかのように独断と偏見で命令を下すようになるのです。その弊害は、かつての平賀書簡事件を持ち出すまでもありません。このような人物が、東京高裁部総括に栄転して裁判をするのですから、その結果は推して知るべしです。

(4)　次に転勤した大阪高裁でも、私のブログに対する攻撃がありました。毎年の裁判官人事評価のための長官面接に先立って、部総括裁判官が陪席裁判官と個別に面接をするのですが、その機会に当時の部総括から、大阪高裁に私のブログについて「岡口裁判官を擁護しているのはけしからん」などというクレームの電話が入っていると知らされた上、「ブログは続けるの？」と尋ねられました。私は、やめなければならない理由は何もないので続けると答えると、それ以上は部総括からも長官からも何も言われなくなりました。

(5)　最近も、令和４（２０２２）年7月15日から16日にかけての私のブログで題材にしていますから、その直前の事だったと思いますが、津地裁に私のブログに対するクレームの電話が入った事を、当時の所長から知らされました。曰く「暗殺された安倍元首相に対する敬意・弔意が感じられない」などという抽象的なクレームだったようです。別にそれで裁判所の事務に支障が出ている訳ではないという事だったので、相手にしないことにしました。

なお、私は、大阪高裁や津地裁にクレームの電話を架けたのも、大分地裁時代から私のブログを攻撃してきた同一人物の仕業である可能性もあると思っています。私は見ないようにしていましたが、大分地裁からの転出後も長らく、ＹｏｕＴｕｂｅで私に対する攻撃を続けていたそうです。

4　岡口裁判官に対する処分に対する見解

(1)　私は、２回にわたる岡口裁判官に対する裁判官分限裁判の最高裁決定には、いずれも賛成できません。

(2)　まず、捨て犬の民事裁判に関する記事の投稿の件ですが、岡口裁判官は、記事を引用するに当たって、どういう内容の裁判かを要約して見出しを付けただけと見るのが素直だと思います。

ところが、岡口裁判官のブログをやめさせるチャンスをうかがっていたであろう東京高裁の林道晴長官は、当事者のクレームに「渡りに船」とばかりに飛び付きました。

平成30（２０１８）年6月12日の林長官による分限裁判申立書は、岡口裁判官が当該投稿によって「訴訟において犬の所有権が認められた当事者（もとの飼い主）の感情を傷付けたものである」とだけ記載した、法理論的検討の形跡さえ全く見られない杜撰極まりないものでした。こんな理由で分限裁判にかけられるのであれば、ご当人も含む多くの裁判官が「当事者の心情を傷つけたものである」として、分限裁判にかけられることになるでしょう。これが司法修習生の起案として提出されたならば落第必至と言わざるを得ない出来であり、東京高裁長官の起案としては恥ずかしい限りで、これでは日本の司法の水準が低いと誤解されると思います。

ちなみに、裁判記録や判決を読んでいないのに批評するなどという論調もあるようですが、これは一般国民の「裁判批判」をも敵視する暴論です。裁判官であっても担当外の他の裁判所の裁判記録を容易に閲覧できるわけではありませんし、下級審判決の大半も公表されていないのが現状です。そもそも、判決文に摘示した理由だけをもって主文の正当性を示すのが裁判官の役割ですから、判決を批判するのに裁判記録を閲覧する必要など全くありません。また、現にマスコミから批判的な記事が出ている以上、裁判官がそれを引用してもいけないというのは理解に苦しみます。マスコミを見下して馬鹿にしていると言っても過言ではないでしょう。

まさかこんな理由で分限処分はできないだろうと、油断して楽観していましたが、平成30

（2018）年10月17日の決定で、最高裁大法廷はあろうことか、岡口裁判官が「原告が訴えを提起したことが不当であるとする一方的な評価を不特定多数の閲覧者に公然と伝えるものであった」などと強引極まりない認定をし、誰も主張していなかった理由をこしらえて戒告処分にしたのです。そんな訳はありません。もし、そのとおりであれば、引用された記事は「原告は裁判を起こすべきではなかった」という「裁判を受ける権利」を否定する趣旨だったことになります。なぜ、記事を書いた記者や新聞社（朝日）は、最高裁に抗議しなかったのでしょうか。マスコミの弱腰も情けない限りです。加えて、もしもそうであれば、クレームを入れた当事者が抗議すべき相手は、東京高裁や岡口裁判官ではなく、その新聞社だったのではないでしょうか。この件が「八つ当たり」の類に近いものと思わざるを得ない理由です。

そもそも、表現の自由の重要性を持ち出すまでもなく、言ってもいない事をあたかも言っているように、お前はこう考えて言ったに違いないなどとこじ付け、曲解して非難を浴びせるような行いは、人としてやってはいけません。それは、表現の自由以前の、内心の自由・良心の自由の侵害に当たると思います。そのような手法の攻撃を許せばどういうことになるか、戦前の治安維持法の犠牲者たちが語っているとおりです。

最高裁は、間もなく最高裁入りして同僚となることが確実視されていた林長官の顔を立てるため、皆で知恵を絞って分限の理由をもっともらしく考案し、助けてやったのではないかとさえ疑われます。

⑶　次に、刑事判決の引用の投稿の件ですが、既に指摘されているとおり、過誤を犯したのは基準に反してホームページに掲載した東京高裁の裁判官たちであり、岡口裁判官ではありません。岡口裁判官の投稿も、判決を引用するに当たって、事件に見出しを付けて特徴を示したという範疇だと思います。決して卑猥な目的で判決を読ませようとしたものではないと思いますが、不運にも、岡口裁判官は先に白ブリーフや緊縛写真の掲載で厳重注意処分を受けていたため、おそらく遺族を含む一部の国民から「変態」裁判官であるかのように見られていたのだろうと思います。そのような色眼鏡で見れば、性犯罪の判決は、およそ卑猥な目的で掲載したに違いないと見られてしまいかねません。

そもそも、この種の凶悪犯罪で遺族が最も恨むのは、まずは犯人でしょうが、その次には犯人を極刑にしなかった刑事裁判官である場合が少なくありません。

遺族が東京高裁に「洗脳」されているという岡口裁判官の投稿は、確かに好ましくないでしょうが、東京高裁サイドには判決文を誤掲載したという弱みもあり、遺族のクレームに便乗して、恨みの矛先を担当裁判官たちから岡口裁判官に向ける方向で誘導したのではないかという見方も、十分成り立つように思います。

(4) 付言すると、最近の名誉毀損裁判では、論争がヒートアップした挙句、双方とも攻撃的な言動の応酬をしていたにもかかわらず、一方が他方の片言隻句を取り立てて、揚げ足取りをして訴えるケースが目立ちます。このような、論争の過程のごく一部の失言を捉え、いわば針小棒大に評価して、重大な名誉毀損と断罪するのは公平といえるのか、私は常々疑問を抱いています。

(5) また、最近のパワハラ裁判では、「一連のパワハラ」と称して、就職以来何十年にもわたる上司の行為を包括して一個の行為であると強弁し、不法行為の消滅時効の適用を免れようとする主張が目立ちます。

これは、利息制限法違反の過払利息の不当利得返還請求訴訟の判例の、たとえ取引の中断時期があっても「一連の取引」として、取引終了から消滅時効が進行するとした理論の応用と思われますが、私は到底賛成できません。

例えば、同種の行為である同一の相手との不貞行為であっても、最高裁判例は一連の不法行為などとは認めず、一回ごとの不貞行為から消滅時効が進行するとしています。少なくとも、別種の行為まで全部まとめて一連とすれば、まさしく一連の人生である人の一生を一括して裁くことになりかねません。刑事裁判や懲戒裁判であれば尚更で、閻魔大王がするような人格裁判になってしまいます。

(6) 要するに、私が最も言いたいことは、岡口裁判官が問われている「非行」なるものについては、細部に囚われるべきではなく、現職裁判官ブログに対する総攻撃という大きな視点で見るべきだということです。

このような攻撃を許して「裁判官の市民的自由」が奪われれば、いずれ一般国民にその影響が及んでいくことは自ずと明らかだと思います。

5　岡口裁判官に対する評価

(1) 世間一般に広く知られていないのが残念ですが、岡口裁判官は、当代一の裁判実務家だと思います。ブログをはじめとするＳＮＳでも、実務家に役に立つ情報を集めて真っ先に教えてくれるので、とても助かっています。

(2) 岡口裁判官には数々の著作がありますが、代表作は何と言っても『要件事実マニュアル』シリーズ（ぎょうせい）です。民事・行政・家事のほとんどの分野の事件類型を要件事実的に分析・整理し、関連する裁判例・学説も網羅した労作で、版を重ねながら内容を第6版5分冊まで充実させてこられました。おそらく、法律書には珍しい不動のベストセラーで、法学部生やロースクール生はもとより、裁判官にとっても極めて有用な文献であるため、大抵の裁判所には公費で備え付けられています。

ちなみに、岡口裁判官と私を攻撃した林道晴・村上正敏ほか共著の『ステップアップ民事事実認定』（有斐閣、2019）という本もあり、お二人は「お友達」と言ってもいいと思いますが、発行部数はおそらく足元にも及びません。岡口裁判官は、こういった裁判官から嫉妬を受けやすい立場にあると思います。裁判所には、高裁部総括と同格以上でなければ本を出してはならないという不文律があると言われています。私は「都市伝説」の類だろうと一笑に付していますが、高地家裁の陪席裁判官にすぎない岡口裁判官がベストセラーを連発していることを快く思わない高裁部総括たちもいるであろうことは想像に難くありません。

(3) 岡口裁判官は、結局、部総括判事・裁判長にしてもらえなかったため、合議体の判決で「岡口判決」と呼ばれるものは無いと思います。

しかし、単独の判決では、有名な「岡口判決」があります。岡口裁判官が福岡地裁行橋支部で平成17（2005）年2月22日に言い渡した、交通事故被害者の「脳脊髄液減少症」を日本で初めて認めた判決です。現在まで論争が続いており、加害者側の保険会社に争われる例が絶えない難病ですが、岡口裁判官は果断に新判例を樹立しました。そして、その後の研究の進展で「脳脊髄液減少症」の存在自体は、医学界の大勢として公認されるに至っています。

また、合議判決の陪席裁判官としてですが、主任裁判官として「新潟水俣病」の患者を全員救済する東京高裁平成29（2017）年11月29日判決をまとめ、高く評価されています。ごく最近、「熊本水俣病」の患者を全員救済した大阪地裁令和５（2023）年９月27日判決の先鞭を付けたものと思われます。

⑷　岡口裁判官は、私のような仕事が遅い者には信じられないほど事務処理能力に長けており、かつ優秀で、裁判官の仕事を立派に果たしながら、独力で歴史に残る大著の編集・発行を長年継続してきました。

世が世であれば、とっくに裁判長になって司法をリードしていただくべきだった人物だと思います。「適材適所」の人事などと言いながら、このような人物を登用することができず、迫害して放逐する結果になったのは、裁判所の将来にとっても大きな損失だと思います。

6　岡口裁判官に対する処分の影響

(1)　最近の最高裁・司法研修所の悩みは、裁判官志望者が激減し、ただでさえ一時期よりも減らされている新任判事補の定員の確保に四苦八苦していることのようです。一昔前までは、実務修習地の地家裁では、研修所教官に無断で裁判官に勧誘しないでほしい、希望に沿えず期待を裏切ることになる場合が多いからなどと釘を刺されていたのですが、最近はすっかり様変わりしました。今では、教官が短期間の導入修習で見落としていた優秀な修習生もいるかも知れないから、現場からも積極的に推薦してほしいなどと言われるようになったのです。背景には、優秀な修習生を東京の大手法律事務所と奪い合った末に敗れるケースが相次いでいることと、せっかく任官しても間もなく依願退官してしまう判事補が珍しくなくなったことがあるようです。所長が官僚的で権威主義的な人物の場合に、嫌気がさした若手裁判官が退官するケースが多いように思われます。

地家裁の現場にしてみれば、本来配置されるべき左陪席裁判官がいなくなるのですから、死活問題です。現に例えば名古屋地裁豊橋支部では、民事部に合議事件の左陪席裁判官を務めるべき任官後5年未満の未特例判事補がおらず、判事が交代で主任裁判官を務めるという異常事態になっていると聞いています。

(2)　しかし、私に言わせれば、これは最高裁の自業自得という面も否定できないと思います。最も大きな要因は、修習生にも人気が高い岡口裁判官に対する過酷な処分です。そのきっかけを作った東京高裁長官は、大手法律事務所に対する敗戦の「Ａ級戦犯」ではないかと思われます。実際に、大手法律事務所が進路を迷っている修習生の勧誘で決め手として持ち出すのは、瀬木比呂志元裁判官が書いた『絶望の裁判所』や、岡口裁判官に対する仕打ちに見られるような裁判所の窮屈さだと言われます。

岡口裁判官の著書の中で最も印象的なのは、平成30（２０１８）年5月24日、東京高裁の林長官と事務局長が、岡口裁判官に、裁判官分限裁判を避けたければツイッターをやめるようにと迫る場面です。私はこのやり取りを読んで、子ども時代にテレビドラマで見た、主人公の熱血教師が悪徳教頭とその磯巾着教師にいじめられるシーンを思い出しました。裁判官たる者が、このような物言いをしたというのは情けない限りです。そんな人たちが出世をしていく裁判所に若者たちは就職したいと思うでしょうか。今の私だって思いませんし、だからこそ私は「司法反動」の後遺症で重苦しい雰囲気が残っていた昭和末期の裁判所には任官志望せず、弁護士になったのです。

(3)　そもそも、現職裁判官約三千人のうち、ブログを続けているのがわずか３人（０・１％）

しかいないという現状は、世間からかけ離れていて、恥ずかしいと思わないのでしょうか。裁判所が特殊で閉鎖的で自由のない職場だと思われれば、そんな職場に優秀でまともな修習生は来ようと思いません。裁判官の仕事は、一般国民から見えづらく、誤解される事も多いですが、型にはまった裁判所の広報には期待できません。むしろ、個々の裁判官の自由な情報発信を奨励し、自由で生き生きと裁判ができる職場であることをアピールしなければ、後継者の確保は覚束ないでしょう。

(4) ましてや、万一、岡口裁判官が罷免されるようなことになれば、最も打撃を受けるのは、むしろ最高裁ではないでしょうか。最高裁は、岡口裁判官の投稿はいずれも裁判官弾劾事由には該当しないという前提で、罷免訴追請求まではせず、2回の分限裁判による戒告処分にとどめたのです。それを遺族からの申立てを受けたものとはいえ、罷免の対象とすることは、三権分立との関係で果たして許されるのか、慎重に考えていただきたいと思います。

現場の裁判官が萎縮して、特に司法行政に対して言いたいことを言えなくなっていることは、何も今に始まったことではないと思います。深刻なのは、そんな職場には優秀で良心的な修習生が誰も来なくなってしまいかねないことです。裁判官志望者はますます減少し、ほとんどが裁判官の子女になってしまうかも知れません。言わば裁判官の「家業化」です。人間関係が狭くて濃い職場ですから、このような雰囲気は、現職裁判官の姿勢にも深刻な影を落とすことになるでしょう。いわゆる「ヒラメ裁判官」の量産や、裁判官の行政官僚化といった悪弊が顕著になるでしょう。いくら何でも最高裁がそこまで望んでいるとは思えませんし、そもそも三権分立の一角が極端に弱体化することは、日本国憲法下の民主主義や人権保障を後退させることにつながります。

そのような事態は、国権の最高機関である国会の議員となった選良である裁判官弾劾裁判所の裁判員の皆様も、決して望んではおられないだろうと信じています。

第6章

良心的裁判とは何か

この章では、私が実際に関与した①決定とその原審決定、②判決とその控訴審判決を並べて解説する。たまたま、①の原決定と②の控訴審判決の裁判長は同一人物なので、皆さんはどちらを支持できるか、対比して見ていただくと良いと思う。

① 近鉄・オリックス合併差止仮処分申請事件

私が東京高裁で主任裁判官を務めたこの事件については、第1章の講演で触れたほか、労働法律旬報1612号に、私自身の解説と共に各決定の全文が掲載されたので、ここに転載させていただく。

日本プロ野球労使紛争に関する地裁、高裁決定の内容とその解説

―日本プロフェッショナル野球組織事件・東京地裁決定と東京高裁決定

一　はじめに

ここに紹介するのは、二〇〇四年、社会問題に発展したプロ野球界の労使紛争に関する東京地裁、東京高裁の各決定である。

各決定は、その直後には一般紙・スポーツ紙等で広く報道されたが、判例誌にはこれまで、東京高裁決定が労働判例（八七九号九〇頁）に掲載されたのみのようである。そこで、原審の東京地裁決定も含め、各決定の全文を改めて紹介したうえで、各判文と公知の事実から判明する範囲で分析し、なるべく平易に解説を加え、今後の参考に供することとした。

二　申立ての内容

二〇〇四年六月一三日、パ・リーグの近鉄とオリックスが合併の基本合意を発表した。日本プロフェッショナル野球協約によると、球団の合併（参加資格の統合）には、日本プロフェッショナル野球組織の実行委員会およびオーナー会議の承認を要する。他方、野球協約には、実行委員会の審議事項中「選手契約に関係ある事項」については、特別委員会の議決を要する旨の規定がある。特別委員会には選手代表委員も参加し、その全員が反対すれば否決に持ち込むことができるので、その開催の要否は合併の成否に直結することになる。合併に反対する日本プロ野球選手会は、その開催とともに団体交渉を要求していた。

選手会側は、野球組織を相手取り、八月二七日、東京地裁に仮処分の申立てをし、民事第一一部（労働部）に係属した。判断の対象となった申立ての内容は、次の1と2に分けられる。

1　古田選手会長ら三選手の申立て

特別委員会の議決を経ない限り、実行委員会およびオーナー会議において、本件球団合併を承認する議決をしてはならない。

2　選手会の申立て

選手会が、交渉事項1（本件球団合併に関する件）および交渉事項2（本件球団合併にともなう選手会組合員の労働条件に関する件）について、団体交渉を求めうる地位にあることを仮に定める。

三　申立て後の経過

九月中の経過は、次のとおりとなった。

三日㈮、東京地裁決定（却下）。選手会側が即時抗告。

六日㈪、東京高裁第一決定（前記申立て1を分離し抗告棄却）。実行委員会で合併を承認。選手会は毎週末㈯㈰のスト通告。

八日㈬、東京高裁第二決定（前記申立て2について抗告棄却）。オーナー会議で合併を承認。

九日㈭～一〇日㈮、労使交渉が暫定合意に達し、第一週末のスト回避。

一六日㈭～一七日㈮、労使交渉が決裂。

一八日㈯～一九日㈰、第二週末のスト決行。

二二日㈬～二三日㈭、労使交渉が最終合意に達し、第三週末のスト回避。

四　各決定の内容

1　東京地裁決定

申立て2については、まず、選手会と野球組織とが団体交渉の主体となりうることを認めた（都労委において、選手会が認定を受けて労働組合法人となり、団体交渉のルールが協定されているから）。

しかし、交渉事項1は、義務的団体交渉事項に当たらないとした（合併はもっぱら経営事項

⑰
労働法律旬報
日本プロ野球労使紛争に関する地裁、高裁決定の内容とその解説

であり、野球組織が処分可能なものでもないから)。交渉事項2については、義務的団体交渉事項に当たると認めたが（一球団の減少により選手の労働条件に影響を及ぼすから）、保全の必要性を否定した（団体交渉には応じているから）。

申立て1については、特別委員会の議決事項に当たらないとした（選手契約に関する基本的・一般的条項に直接関係ないから）。

2　東京高裁第一決定

六日の実行委員会の開催に先立って、まず申立て1のみを分離した決定で、選手らの主張を退け、球団合併については特別委員会の開催を要しないとの判断を示したものである。

ただし、理由中で、原決定の基準をより明確にし、特別委員会の開催を要する「選手契約に関係ある事項」とは、野球協約の「第八章　選手契約」の各条項等の改正または統一契約書の条項の改正を要するような事項を指すと判示した。

3　東京高裁第二決定

第一決定後のスト通告等の事態の推移をふまえ、八日のオーナー会議の当日に、申立て2について選手会の抗告を棄却しながらも、理由中で、その後予定されている団体交渉について裁判所の見解を示したものである。

まず、被保全権利について、原決定をそのまま引用したうえ、選手会が「労働組合法第七条二号の団体交渉」をする権利を有すると判示した。これは、原決定の判文では必ずしも明確でなかった点を明示したものである。

次に、交渉事項2が義務的団体交渉事項に当たるとの原決定の判断を全面的に支持した。さらに、交渉事項1についても、これに当たる部分があると認めた。その理由とされたのは、六日の実行委員会が合併承認の議決をしながら、それにともなうべき野球協約所定の選手の救済措置（各球団の支配下選手数の拡大）を議決していなかったため、合併により必然的に一球団分の選手が解雇される状態となり、両事項を切り離せなくなったことである。

そして、保全の必要性についての判断に進み、原決定後の事態の推移をも認定したうえで、以下の理由で結論的には保全の必要性を否定し、「原決定は、結論において相当」とした。

ア　野球組織には誠実交渉義務違反があった（抗告審でも、選手会の前記労組法上の団体交渉権自体を否認し続けていたことから）。

イ　しかし、野球組織の代表者（コミッショナー）には著名な法律家（根來泰周元東京高検検事長）が就任しており、不当労働行為の責任を問われたり、野球の権威等に対する国民の信頼を失うという事態を回避するため、誠実交渉義務を尽くすことが期待される。

ウ　選手会の代表者（古田選手会長）は、新聞投稿「我々は対話を求めている」（朝日新聞八月二六日朝刊）で、労組法上の権利にはこだわらず、とにかく十分な議論を尽くすべきであると訴えているものと理解される。

エ　野球協約の目的にあるとおり、野球組織と選手らが、野球の権威等に対する国民の信頼を確保するため、不断の努力を尽くすことも期待される。

五　各決定の評価

東京高裁の両決定は、主文で敗訴した選手会側が最高裁への抗告をしなかったため、確定した。前月に同じ第二三民事部（原田和徳裁判長、現仙台高裁長官）に係属したＵＦＪ保全抗告事件とともに、抗告審においても判断の時機を失せず、週末を含むわずか数日間という異例のスピード審理を遂げた例としても高く評価された（「仮処分決着　時代の流れ」朝日新聞九月二九日朝刊）。

また、とりわけ東京高裁第二決定は、前記理由部分が注目を浴び、各新聞でも、「東京高裁、異例の警告」（東京）、「東京高裁が異例の注文」（毎日）、「高裁が苦言」（朝日）などと各紙で大きく報道され、翌日からの「団体交渉の行方を大きく左右した」とも指摘されている（朝日新聞スポーツ部「スト決行」（朝日新聞社）一一四

〜一一三、二〇一〜二〇二頁)。

なお、見落とされがちであるが、東京高裁第一決定の特別委員会開催の要否の基準も注目すべきである。現行の野球協約と統一契約書は、選手会のホームページで参照できるほか、神谷宗之介『スポーツ法』(三省堂、二〇〇五年)一五六頁以下に全文掲載されているが、その改正経過を見る限り、右基準によれば必要とされる事項についても、これまで開催されてこなかったように窺われるからである。

各決定に関しては、法律誌等で論評された例も枚挙にいとまがない（土田道夫「プロ野球選手会のストライキについて考える」ジュリスト一二七八号二頁、中内哲「プロ野球界における団交当事者」ジュリスト一二九一号（平成一六年度重要判例解説）二三三頁、武井寛「プロ野球のストライキ」法律時報九五〇号一頁、川井圭司「プロ野球選手の法的権利をめぐって」法学教室二九一号四頁、川井圭司「日本プロ野球界の望ましい労使関係構築に向けて」季刊労働法二〇七号一一七頁、樫澤秀木「守備範囲を広めた法の役割は」法学セミナー六〇四号六八頁、直井春夫「プロ野球労使紛争と労働委員会」中央労働時報一〇三七号五二頁・一〇三八号一八頁・一〇三九号三〇頁、伊東孝「プロ野球の労使紛争」労働判例八七六号二頁、前掲神谷『スポーツ法』一二〇頁、山田哲「プロ野球組織の団体交渉における当事者適格——日本プロフェッショナル野球組織（団交応諾仮処分）事件」法律時報九六二号九四頁等）。

なお、論評のなかには、「著名な法律家」等に言及した東京高裁第二決定の理由部分が結論に関係ない傍論や付言の類であったかのように論じる向きもあるが、それは誤りである。もしもこの部分がなければ、保全の必要性も認められることになり、主文は仮処分申立て認容となるはずだからである。

六　本件の総括

本件は、企業合併と団体交渉権という労働法の大きな論点について、プロ野球界という特殊な条件のもとで解決を示すとともに、球界の憲法と呼ばれる野球協約の条文解釈を本格的に示した初の裁判例となった。

その後、労使交渉の最終合意にもとづき、近鉄とオリックスの合併を承認する代わりに、新球団（楽天）の参入が認められた。その間の経緯は、日本プロ野球選手会「勝者も敗者もなく」（二〇〇四年日本プロ野球選手会の一〇三日間）（ぴあ）に詳しい（二五一頁以下で東京高裁第二決定についても言及されている）。そして、二〇〇五年のシーズンでは両リーグ一二球団による交流戦の実施も含めた改革が実現したことは、周知のとおりである。

本件は、憲法・労組法が保障する労働三権が有効に機能した好例であり、高校や中学での社会科教育の教材にもされたとのことである（川口芳彦「教室から見るプロ野球ストライキ」週刊金曜日五二六号四六頁）。

そして、本件で困難を打開し、円満な解決へと導いたのは、東京高裁第二決定の理由中でも指摘されたようなプロ野球界特有の諸要素であったとも言えようか。その要素とは、歴代コミッショナーに著名な法律家を就任させてきた野球組織の知恵（周知のとおり、かつての江川事件の反省をふまえ、その後は例外なくそうしている）、古田会長率いる選手会の世論に訴えた奮闘（ストさえもファンを含む世論から圧倒的に支持された）、そして、決定理由の結びで全文が掲げられているように、格調高く野球協約の目的を示し、後輩たちに「不断の努力」を求めた野球界の先人の夢と理想である。

⑲
労働法律旬報
日本プロ野球労使紛争に関する地裁、高裁決定の内容とその解説

資料

日本プロフェッショナル野球組織（団体交渉等仮処分抗告）〈選手会長ら抗告〉事件・東京高裁決定（平一六・九・六）

平成一六年(ラ)第一四七九号　団体交渉等仮処分申立却下決定に対する抗告事件

プロ野球球団の営業譲渡および参加資格の統合は日本プロフェッショナル野球協約第一九条所定の「選手契約に関係ある事項」にはあたらないとされた事例

決定

抗告人　古田　敦也
抗告人　磯部　公
抗告人　三輪　隆
抗告人ら代理人弁護士　山崎　卓也
同　石渡　進介
同復代理人弁護士　辻　哲哉
相手方
日本プロフェッショナル野球組織
同代表者コミッショナー　根來　泰周

主文

1　本件抗告をいずれも棄却する。
2　抗告費用は抗告人らの負担とする。

理由

第1　抗告の趣旨

1　原決定中、抗告人らに関する部分を取り消す。

2　相手方は、日本プロフェッショナル野球協約（以下「野球協約」という。）第一九条に定める特別委員会の議決を経ない限り、その実行委員会及びオーナー会議において、株式会社大阪バファローズ（以下「バファローズ」という。）とオリックス野球クラブ株式会社（以下「オリックス」という。）の経営統合に伴う参加資格の統合を承認する議決をしてはならない。

（なお、本件即時抗告状においては、これと異なる表現がされているが、原審の審尋において申立ての趣旨が整理された経緯にかんがみ、上記のとおりの申立てであると解する。）

第2　事案の概要

1　本件は、バファローズがオリックスに対してその営業を譲渡し（以下「本件営業譲渡」という。）、これに伴って相手方への参加資格を統合することの承認を求める申請（以下「本件申請」という。）をしたため、抗告人らが相手方に対し、上記第1の2の趣旨の仮の地位を定める仮処分命令を発することを申し立てた事案である。

原決定は、抗告人らの申立てをいずれも却下した。これに対し、抗告人らが即時抗告を申し立てたものである。

2　以上のほかの事案の概要は、原決定の事実及び理由の「第2　当事者の主張と争点」に記載のとおりであるから、これを引用する（ただし、2の(1)を除く。また、原決定二頁一四行目（二か所）及び一〇頁一五行目の「礒部」をいずれも「磯部」と訂正する。）。

3　抗告人らの当審における主張（抗告の理由）

抗告人らの平成一六年九月四日付け「抗告人ら準備書面」の第二部分の記載を引用するが、その主要な点は、次のとおりである。

本件申請が特別委員会の議決事項に当たると認めることはできないとした原決定の判断は、不当である。

本件営業譲渡は、必然的に一球団分の選手の解雇や転籍を伴うものであるから、野球協約第一九条所定の「選手契約に関係ある事項」として、特別委員会の議決事項に該当するものと解されるべきである。

第3　当裁判所の判断

1　当裁判所も、抗告人らの申立てをいずれも却下すべきものと判断する。

その理由は、原決定の事実及び理由の「第3　当裁判所の判断」2の(1)、(2)、(4)及び(6)に記載された判断と同一であるから、これを引用する。なお、本件申請が特別委員会の議決事項に該当するとの抗告人らの主張を採用することができない以上、これを前提としている抗告人らの被保全権利を認める余地はなく、その余の争点について判断するまでもないので、同2の(3)及び(5)の判断は引用しない。

2　本件申請が特別委員会の議決事項に該当しないとの上記判断について、当裁判所の野球協約《略》の解釈を、以下のとおり補足することとする。以下において、第何条又は第何章との記載は、いずれも野球協約の条項又は章を指すものである。

(1)　野球協約の規定

第一九条は「実行委員会の審議事項中、選手契約に関係ある事項については特別委員会の議決を経て、これを実行委員会に上程する。（以下省略）」と規定している。

そして、実行委員会の審議事項は、第一七条に(1)から(12)まで列挙されており、そのうち(3)から(5)までは、次のとおりである。

「(3)　地域権の設定または変更、および球団呼称、専用球場の変更。

(4)　この組織の参加資格の取得、変更、譲渡、停止または喪失にかんする事項。

(ただし書きは省略)

(5)　野球協約、これに附随する諸規程および選手統一様式契約書条項の追加、変更ならびに廃止にかんする事項。」

また、参加資格については第六章（第二七条から第三六条の六まで）が、地域権については第七章（第三七条から第四四条まで）が、選手契約については第八章（第四五条から第六五条まで）が、それぞれ規定している。

なお、第四五条本文は「球団と選手との間に締結される選手契約条項は、統一様式契約書（以下「統一契約書」という）による。」と、第四六条は「統一契約書の様式は実行委員会が定める。」と、第四七条本文は「統一契約書の条項は、契約当事者の合意によっても変更することはできない。」と規定しており、これによる統一契約書様式が定められている。

(2)　本件申請の内容

本件申請《略》は、バファローズ及びオリックスが、平成一六年八月三〇日付け書面で、両者の経営統合に伴う参加資格の統合の承認を、相手方のオーナー会議及び実行委員会に対し申請したものである。その具体的内容は、バファローズがオリックスへ営業譲渡を行い、保護地域、統合球団呼称、専用球場等を新たに定めるというものである。

(3)　特別委員会の議決事項該当性

本件申請の上記内容は、第一七条(5)及び(4)に該当し、また、これが承認されれば、各球団の球団呼称、専用球場、保護地域等を定める第三八条の改正を要する点で、第一七条(5)にも該当し得るものである。しかしながら、本件申請の上記内容自体は、「第八章　選手契約」の各条項を含む選手契約に関する条項の改正を要するものではなく、また、統一契約書の条項の変更をもたらすものとも認められない。

そして、第一九条所定の「実行委員会の審議事項中、選手契約に関係ある事項」とは、野球協約における「選手契約」という文言の前記のような位置付けからしても、上記「第八章　選手契約」の各条項等の改正又は統一契約書の条項の改正を要するような事項を指すものと解すべきである。よって、本件申請の承認は、これに該当しないものと解される。

(4)　選手の救済措置

抗告人らは、本件申請が承認されてバファローズとオリックスとが統合されることになれば、これに伴って必然的に一球団分の選手の解雇や転籍が行われることになるのであるから、第一九条所定の「選手契約に関係ある事項」に該当すると主張する。

しかしながら、球団の参加資格の変更等そのものについては、その性質上、最終的には、各球団の経営上の判断並びに相手方の実行委員会及びオーナー会議の判断に委ねざるを得ないものである。これを特別委員会の議決事項に該当すると解し、場合によっては選手代表委員の反対のみによって否決し、阻止することができるというような極めて強力な地位が、第一九条によって保障されていると解することは、困難といわざるを得ない。

確かに、本件申請については、これが承認されれば一球団が減ることとなり、各球団の支配下選手が第七九条により原則として七〇名までに制限されているため、一球団分の選手が契約を解除されることにもなりかねないのであるから、抗告人らの上記主張も理解することができないではない。しかしながら、このような事態に対処するため、第三三条は、球団の合併の場合、「合併される球団に属する選手にかんしては、必要により第五七条（連盟の応急措置）および第五七条の二（選手の救済措置）の条項が準用される。」と規定しており、そのうち、特に第五七条の二は、「球団の合併、破産等もっぱら球団の事情によりその球団の支配下選手が一斉に契約を解除された場合、(途中省略）実行委員会およびオーナー会議の議決により、他の球団の支配下選手の数は前記議決で定められた期間八〇名以内に拡大され、契約解除された選手を可能な限り救済するものとする。」と規定している。このような規定が存在することを含め、現行の野球協約を全体として解釈すると、球団の合併等については第一九条所定の「選手契約に関係ある事項」には該当しないとする反面、第五七条及び第五七条の二により選手を救済することとしたものと解される。

3　よって、抗告人らの本件仮処分命令の申立てをいずれも却下した原決定は相当であって、本件抗告はいずれも理由がないから、主文のとおり決定する。

平成一六年九月六日

東京高等裁判所第二二民事部

裁判長裁判官　原田　和徳

裁判官　北澤　章功

裁判官　竹内　浩史

21

労働法律旬報

資料／日本プロフェッショナル野球組織（団体交渉等仮処分抗告）〈選手会長ら抗告〉事件・東京高裁決定

資料

日本プロフェッショナル野球組織（団体交渉等仮処分抗告）〈選手会抗告〉事件・東京高裁決定（平一六・九・八）

平成一六年(ラ)第一四七九号　団体交渉等仮処分申立却下決定に対する抗告事件

プロ野球球団の営業譲渡および参加資格の統合においてその労働条件に係る部分およびそれにともなう労働条件に関する事項が、日本プロ野球選手会と日本プロフェッショナル野球組織との間の義務的団体交渉事項にあたるとされたものの、保全の必要性は認められないとされた事例

決　定

抗告人　日本プロ野球選手会
同代表者会長　古田　敦也
同代理人弁護士　山崎　卓也
同　石渡　進介
同復代理人弁護士　辻　哲哉
相手方
日本プロフェッショナル野球組織
同代表者コミッショナー　根來　泰周
同代理人弁護士　安西　愈
同　外井　浩志
同　岩本　充史
同　富岡　英次
同　吉田　和彦

主　文

1　本件抗告を棄却する。
2　抗告費用は抗告人の負担とする。

理　由

第1　抗告の趣旨

1　原決定中、抗告人に関する部分を取り消す。

2　抗告人は、相手方に対し、下記交渉事項(1)及び交渉事項(2)について、団体交渉を求め得る地位にあることを仮に定める。

(1)　相手方に属する株式会社大阪バファローズ（以下「バファローズ」という。）とオリックス野球クラブ株式会社（以下「オリックス」という。）間の営業譲渡及び参加資格の統合に関する件（選手の解雇、転籍を不可避的に伴う営業譲渡及び参加資格の統合を回避すること等を含む。）

(2)　前項の営業譲渡及び参加資格の統合に伴う抗告人組合員の労働条件に関する件

第2　事案の概要

1　本件は、バファローズがオリックスに対してその営業を譲渡し（以下「本件営業譲渡」という。）、これに伴って相手方への参加資格を統合すること（以下「本件統合」という。）の承認を求める申請（以下「本件申請」という。）をしたため、抗告人が相手方に対し、上記第1の2の趣旨の仮処分命令を発することを申し立てた事案である。

原決定は、抗告人の申立てを却下した。これに対し、抗告人が即時抗告を申し立てたものである。

2　当事者の主張は、原審及び当審で当事者が提出した主張書面のとおりであるので、これらを引用する。

3　抗告人の当審における主張（抗告の理由）の主要な点は、次のとおりである。

(1)　原決定は、交渉事項(2)のみが義務的団体交渉事項に当たると判断した。

しかしながら、交渉事項(1)についても義務的団体交渉事項に当たると解すべきである。

(2)　原決定は、同決定がされた時点では、交渉事項(2)について仮処分命令の必要がないと判断した。

しかしながら、現時点では、仮処分命令の必要がある。

第3　当裁判所の判断

本件記録に基づいて、以下のとおり判断する。

1　被保全権利について

(1)　団体交渉権について

当裁判所の判断も、原決定の事実及び理由の「第3　当裁判所の判断」1の(1)に記載された判断と同一であるから、これを引用する。

よって、抗告人が相手方に対し労働組合法第七条二号の団体交渉をする権利を有することについての疎明は、十分である。

(2)　義務的団体交渉事項について

ア　交渉事項(2)について

当裁判所の判断も、原決定の事実及び理由の「第3　当裁判所の判断」1の(2)の(ア)及び(イ)に記載された判断と同一であるから、これを引用する。

すなわち、まず、交渉事項(2)（抗告人組合員の労働条件に関する件）は、義務的団体交渉事項に該当する。

イ　交渉事項(1)について

交渉事項(1)は、その表現が抽象的であり、交渉事項(2)との関係でも一義的に確定することが困難である。しかし、本件においては、下記のような日本プロフェッショナル野球協約（以下「野球協約」という。）の規定等に照らし、現時点においては、交渉事項(1)についても、交渉事項(2)とは別個に、抗告人組合員の労働条件を左右する部分があると認められる。したがって、交渉事項(1)のうち、抗告人組合員の労働条件に係る部分は、義務的団体交渉事項に該当すると解される。

野球協約によると、本件申請については、第三三条に基づいて、実行委員会及びオーナー会議の承認を得なければならないものであり、平成一六年九月六日の実行委員会で承認され、同月八日のオーナー会議で承認の可否等が審議議決されることとなっている。

ところで、同条の後段は「この場合、合併される球団に属する選手にかんしては、必要により第五七条（連盟の応急措置）および第五七条の二（選手の救済措置）の条項が準用される。」と規定しており、そのうち、特に第五七条の二は、「球団の合併、破産等もっぱら球団の事情によりその球団の支配下選手が一斉に契約を解除された場合、（途中省略）実行委員会およびオーナー会議の議決により、他の球団の支配下選手の数は前記議決で定められた期間八〇名以内に拡大され、契約解除された選手を可能な限り救済するものとする。」と規定しているところ、同条の議決はいまだされていない。

そして、各球団の支配下選手が第七九条により原則として七〇名までに制限されているため、上記議決がされない限り、一球団分の選手が必然的に選手契約を解除されることになる。

2　保全の必要性（民事保全法二三条二項）について

当裁判所は、現時点では、以下の理由により、保全の必要性についての疎明が不十分であると判断する。

(1)　平成一六年九月三日（原決定の時点）までの推移について

当裁判所の判断も、原決定の事実及び理由の「第3　当裁判所の判断」1の(3)の(ア)に記載された判断と同一であるから、これを引用する。

すなわち、相手方は、抗告人との団体交渉に応じていたことが疎明される。

(2)　その後、同月七日までの推移について

同月六日、本件申請が相手方の実行委員会で承認された。同日、抗告人は、相手方に対し、同月一〇日の午後五時までに要求が受け入れられない場合は、やむを得ず同月一一日以降ストライキを行う旨の通告をした。相手方は、この通告を受け、同月九日から抗告人と交渉を行う旨回答した。

(3)　同月九日から予定されている交渉について

ア　相手方は、当審においても、抗告人が労働組合法第七条二号の団体交渉権を有することを争うとの従前の主張を続けている。そのため、相手方がこれまで応じてきた交渉等が誠実さを欠いていたことは否定することができないし、相手方が応じるという同月九日からの交渉の法的性格等にも疑問の余地がある。

イ　しかしながら、相手方の代表者でもあるコミッショナーには、著名な法律家が就任しており、当裁判所が抗告人の団体交渉権について上記のような判断を示しさえすれば、相手方は、同月九日からの交渉において、これを尊重し、実質的な団体交渉が行われることが期待される。また、万一、相手方が誠実交渉義務を尽くさなければ、労働組合法第七条二号の不当労働行為の責任を問われる可能性等があるばかりでなく、野球の権威等に対する国民の信頼（野球協約第三条(1)）を失うという事態を招きかねない。

ウ　抗告人の代表者は、「我々は対話を求めている」と題された新聞への投稿《略》で、「合併によって球団を減らすことが本当に発展につながるのか。ファンに喜ばれるプロ野球になるのか。その観点で十分な議論を尽くすべきです。」などと論じており、抗告人の主張は、単に労働組合法上の権利を根拠として、これにこだわっているものではなく、とにかく十分な議論を尽くすべきであると訴えているものと理解することができる。

エ　野球協約の目的については、次のとおり規定されている。

「第三条（協約の目的）　この協約の目的は次の通りである。この組織を構成する団体および個人は不断の努力を通じてこの目的達成を目指すものとする。

(1)　わが国の野球を不朽の国技にし、野球が社会の文化的公共財となるよう努めることによって、野球の権威および技術にたいする国民の信頼を確保する。

(2)　わが国におけるプロフェッショナル野球を飛躍的に発展させ、もって世界選手権を争う。

(3)　この組織に属する団体および個人の利益を保護助長する。」

上記「この組織を構成する団体および個人」には、相手方及び抗告人の選手らが含まれるのであるから、双方が上記「不断の努力」を尽くすことも期待される。

(4)　以上認定の抗告人と相手方との従前の交渉の推移及び今後行われるであろう交渉についての見通し等の事情を考慮すると、現時点では、保全の必要性についての疎明は不十分である。

3　結論

以上によれば、抗告人の本件仮処分命令の申立てについては、上記1の限度で被保全権利を認めることができるが、現時点における保全の必要性の疎明が不十分である。

よって、抗告人の本件仮処分命令の申立てを却下した原決定は、結論において相当であって、本件抗告は理由がないから、主文のとおり決定する。

平成一六年九月八日

東京高等裁判所第二三民事部

裁判長裁判官　原田　和　德

裁判官　北澤　章功

裁判官　竹内　浩史

② 志摩市生活保護事件

私が津地裁で裁判長として一審判決をした事件である。本人訴訟の原告を一部勝訴させた行政訴訟であったが、被告志摩市の控訴により、名古屋高裁で取り消され、上告されずに、原告全面敗訴が確定した。事案と一審判決の概要については、毎日新聞（三重版）の記事を引用させていただき、高裁判決に疑問を呈することとした。

志摩市医療助成　収入認定は違法　地裁判決　／三重

一定以上の所得がない障害者らの医療費を助成する「福祉医療費」を収入とみなされ、受給した福祉医療費と同額分の生活保護費を返還することなどを求められていた男性が、志摩市に処分の取り消しを求めていた裁判で、津地裁（竹内浩史裁判長）は16日、福祉医療費を「収入認定することは違法」などとし、同市に処分の取り消しを命じた。

判決などによると、原告は同市に住む男性で、2019年11月から生活保護を受けていた。福祉医療費は、志摩市が一定の所得がない障害者らの医療費の自己負担分の一部を助成する制度。男性は同年11月～20年1月の間、3回にわたって福祉医療費として計1万8910円を受け取った。市はこの福祉医療費を収入と認定し、同額の生活保護費を返金するよう求めるなどの決定を20年3月に行っていた。

毎日新聞　2022年6月18日

この事案は、志摩市が自らの条例による医療費助成をしておきながら、たまたま支給が生活保護の開始直後になったので、志摩市が支給すべき生活保護費から差し引いたという事件である。

一審の私たちは、受診時に窓口助成する仕組みにしていれば問題なく受けられたはずの医療費助成を、後の生活保護費から差し引くのは是認できないと判断した。

志摩市の控訴を受けて、一審判決を覆した控訴審判決の報道は、ネット上では見当たらないが、要するに、どのような理由・経緯の入金であったとしても、お金に色は付いていない以上、生活保護の生活扶助費から差し引くのは当然ということに尽きよう。生活保護受給者に風当たりの強い現状も、結論に反映したかも知れない。

確かに、一審判決でも原告の主張を一部認めなかったように、生活保護は年金等で不足する生活費を扶助するものだから、年金の上積み分である「年金生活者支援給付金」がまず年金と同様に差し引かれるのは仕方がないかも知れない。

ただし、志摩市が、結局は生活保護費から引かれてしまうため、本人の手取額は全く変わらず、何のメリットもないのに、わざわざ「年金生活者支援給付金」の申請手続を強制していたのは、いかにもお役所仕事であり、いただけない。

他方、「福祉医療費」まで生活保護費から差し引いたことについては、同列には論じられないのではないか。

生活保護開始以前に受けた治療の自己負担分を、たまたま生活保護開始後になって、志摩市条例に基づく「福祉医療費」として返してもらっただけなのである。この程度の金額は、生活費の半月分に満たないため、生活保護の開始時点でも保持が認められているから、開始直前までに「福祉医療費」の支給が間に合っていれば、原告は保持できたことになる。それに加えて、多くの地方自治体では、同様の医療費助成制度を設ける場合に、いったん自己負担させて後日に給付するのではなく、窓口負担をなくす方向で工夫してきている。原告のような不運が発生するのも、制度の不備によるものといえる。

形式論だけから言えば、控訴審のような判決も十分成り立つだろう。しかし、実質的に妥当な判断であるとは到底思えない。最高裁がどう判断するかと楽しみにしていたのだが、高裁で逆転敗訴した原告本人がおそらく裁判に失望して上告を断念したため、叶わなかった。

私としては、津地裁民事部裁判長として、初めて原告を勝訴させた行政訴訟であったが、同じく初めて控訴審で破られた判決となった。しかし、一審判決の結論に悔いはない。

いずれにせよ、津地裁本庁から遥か遠方の志摩市から、公共交通機関を使わずに毎回自転車を漕ぐなど苦労して出廷して来ていた原告本人が、生活保護の運用を不服として貴重な問題提起をした事案である。勝訴したからといって、志摩市や国が無にしてはいけないだろう。

あとがき

この本では、かなり裁判所の批判を書かせていただいた。もっとも、下級審の同僚裁判官たちの批判をしているわけではなく、司法行政の批判が大半である。

司法の原理は「独立」なのであるが、司法行政には行政の一面があり、戦前は司法省が担当していたような仕事も含むため、どうしても「上意下達」の行政の論理が忍び込んでしまう。本物の行政である省庁、特に法務省と往来をし、裁判を担当しない「司法行政官僚」の中には、もはや裁判官ではなく行政官と言われても仕方のないような者もいる。

裁判所の課題は、いかにして司法行政の肥大化・権力化を抑え、現場の裁判官が自由闊達に議論し、裁判に集中できる環境を整えるかだろう。

本書の後半では、このような裁判所批判が多くなった。しかし、誤解の無いように言っておきたいが、裁判所は決して「ブラック官庁」ではない。むしろ、それでも行政官庁や民間企業よりは、ずっとましだと思っている。検察庁や大手法律事務所よりもそうだろう。

もう少し、裁判官が増えて、担当事件数が減れば、言う事なしなのだが。

裁判官は身分を保障されており、嫌になったらいつでも辞めて、弁護士になることができる。女性裁判官は産休を遠慮なく取れるし、今では男性裁判官も含めて育休を取れるようになった。基本的には、裁判所は「コンプライアンス」などと言われるまでもなく、厳格に法律を守る組織であり、裁判官も含めて職員の権利は守られている。

裁判所の都市伝説の一つに、裁判官は「高裁部総括以上でなければ、一人で本を書いてはいけない」というのがあると聞いたことがある。確かに、裁判官の編著による実務書は、高裁部総括か東京地裁の専門・集中部の部総括を編者として、その周囲の裁判官に分担執筆させているものが多い。

この本が無事に出せれば、まだ「裁判所には希望がある」と思っている。

参考・引用文献

【日本裁判官ネットワーク】

裁判官は訴える！　私たちの大疑問（講談社、1999）
裁判官と司法改革を考えよう！（日本評論社、2001）
裁判官だって、しゃべりたい！　司法改革から子育てまで（日本評論社、2001）
希望の裁判所　私たちはこう考える（LABO、2016）
裁判官が答える裁判のギモン（岩波ブックレット、2019）
裁判官だから書けるイマドキの裁判（岩波ブックレット、2019）

【裁判官】

田川和幸『弁護士裁判官になる——民衆の裁判官をこころざして』（日本評論社、1999）
大野正男『弁護士から裁判官へ 最高裁判事の生活と意見』（岩波書店、2000）
浅見宣義『裁判所改革のこころ』（現代人文社、2004）
滝井繁男『最高裁判所は変わったか——裁判官の自己検証』（岩波書店、2009）
守屋克彦『日本国憲法と裁判官 戦後司法の証言とよりよき司法への提言』（日本評論社、2010）
深澤武久『法廷に臨む 最高裁判事として』（信山社、2011）
泉徳治『私の最高裁判所論——憲法の求める司法の役割』（日本評論社、2013）
瀬木比呂志『絶望の裁判所』（講談社、2014）
田川和幸『小さな歴史家をめざして——私の弁護士時代』（日本評論社、2014）
須藤正彦『弁護士から最高裁判所判事へ　折り折りの思索』（商事法務、2014）
瀬木比呂志『ニッポンの裁判』（講談社、2015）
瀬木比呂志『黒い巨塔——最高裁判所』（講談社、2016）
泉徳治『一歩前へ出る司法——泉徳治元最高裁判事に聞く』（日本評論社、2017）
岡口基一・中村真『裁判官！当職そこが知りたかったのです。——民事訴訟がはかどる本』（学陽書房、2017）
瀬木比呂志『裁判所の正体——法服を着た役人たち』（新潮社、2017）
原田國男『裁判の非常と人情』（岩波書店、2017）
岡口基一『最高裁に告ぐ』（岩波書店、2019）
岡口基一『裁判官は劣化しているのか』（羽鳥書店、2019）
岡口基一『要件事実マニュアル〔第６版〕第１～５巻』（ぎょうせい、2020）
山浦善樹『お気の毒な弁護士 最高裁判所でも貫いたマチ弁のスキルとマインド』（弘文堂、2020）
瀬木比呂志『檻の中の裁判官——なぜ正義を全うできないのか』（角川書店、2021）
森野俊彦『初心「市民のための裁判官」として生きる』（日本評論社、2022）
千葉勝美『同性婚と司法』（岩波書店、2024）

【学者・弁護士】

家永三郎『裁判批判』（日本評論新社、1959）

小田中聰樹『自由のない日本の裁判官——寺西裁判官懲戒事件で何が問われたか』(日本評論社、1998)
高見沢昭治＝木佐茂男『市民としての裁判官——記録映画「日独裁判官物語」を読む』(日本評論社、1999)
伊藤塾・法学館『明日の法律家へ〈5〉司法改革を語る』(日本評論社、2000)
伊藤塾・法学館『明日の法律家へ〈6〉市民のための司法を』(日本評論社、2001)
日本弁護士連合会『弁護士任官のすすめ——多元的裁判官制度へ』(日本評論社、2003)
西川伸一『日本司法の逆説——最高裁事務総局の「裁判しない裁判官」たち』(五月書房、2005)
ダニエル・H・フット『名もない顔もない司法——日本の裁判は変わるのか』(NTT出版、2007)
西川伸一『最高裁裁判官国民審査の実証的研究「もうひとつの参政権」の復権をめざして』(五月書房、2012)
デイヴィッド・S・ロー(著)、西川 伸一(訳)『日本の最高裁を解剖する——アメリカの研究者からみた日本の司法』(現代人文社、2013)
木佐茂男『テキストブック現代司法〔第6版〕』(日本評論社、2015)
西川伸一『〔増補改訂版〕裁判官幹部人事の研究——「経歴的資源」を手がかりとして』(五月書房新社、2020)
23期・弁護士ネットワーク『司法はこれでいいのか。——裁判官任官拒否・修習生罷免から50年』(現代書館、2021)
宮本康昭＝大出良知『再任拒否と司法改革——司法の危機から半世紀、いま司法は』(日本評論社、2021)

【新聞・記者】

毎日新聞社会部『検証・最高裁判所——法服の向こうで』(毎日新聞社、1991)
朝日新聞『孤高の王国裁判所——司法の現場から』(朝日新聞社、1991)
飯室勝彦『裁判をみる眼』(現代書館、1993)
日本経済新聞社『司法——経済は問う』(日本経済新聞社、2000)
産経新聞司法問題取材班『司法の病巣』(角川書店、2002)
読売新聞社会部『ドキュメント裁判官——人が人をどう裁くのか』(中央公論新社、2002)
山口進『最高裁の暗闘——少数意見が時代を切り開く』(朝日新聞出版、2011)
山田隆司『最高裁の違憲判決——「伝家の宝刀」をなぜ抜かないのか』(光文社、2012)
岩瀬達哉『裁判官も人である——良心と組織の狭間で』(講談社、2020)

【ルポ・小説その他】

大橋巨泉『巨泉のこんなモノいらない⁉決定版〔第3巻〕』(日本テレビ放送網、1990)
長嶺超輝『サイコーですか？——最高裁』(光文社、2007)
黒木亮『法服の王国——小説裁判官(上・下)』(産経新聞出版、2013)

周防正行『それでもボクは会議で闘う――ドキュメント刑事司法改革』（岩波書店、2015）
長嶺超輝『裁判長の泣けちゃうお説教――法廷は涙でかすむ』（河出書房新社、2023）

裁判官関係ＳＮＳ一覧

【現職裁判官によるブログ】

◎かけ出し裁判官Ｎｏｎの裁判取説
https://saibankan.blog.jp/

◎弁護士任官どどいつ集
https://blog.goo.ne.jp/gootest32

【岡口元裁判官関係】

◎弾劾裁判及び分限裁判の記録　岡口基一
https://okaguchik.hatenablog.com/

◎不当な訴追から岡口基一裁判官を守る会
https://okaguchi.net/

◎岡口基一「ボ２ネタ」
https://bo 2 neta.hatenablog.com/

【日本裁判官ネットワーク】

◎日本裁判官ネットワークブログ
https://blog.goo.ne.jp/j-j-n

◎日本裁判官ネットワークのホームページ
http://www.j-j-n.com/

著者略歴

竹内浩史（たけうち ひろし）

1962年10月　愛知県で出生
1978年４月　愛知県立時習館高校に入学
1981年４月　東京大学に入学（法学部）
1984年10月　司法試験に合格
1985年４月　司法研修所に入所
1987年４月　愛知県で弁護士登録
2003年４月　弁護士任官・東京地裁判事（東京高裁判事職務代行）
2004年４月　東京高裁判事
2005年４月　東京地裁判事（通常部右陪席）
2007年４月　さいたま地家裁川越支部判事（人事訴訟係単独）
2010年４月　横浜地裁判事（民事交通集中部右陪席）
2014年４月　大分地家裁判事（民事部総括裁判長）
2017年４月　大阪高裁判事（民事通常部右陪席）
2020年４月　名古屋高裁判事（民事部右陪席）
2021年４月　津地家裁判事（民事部総括裁判長）

「裁判官《さいばんかん》の良心《りょうしん》」とはなにか

2024年５月29日　初版第１刷発行
2024年６月14日　初版第２刷発行
2024年７月10日　初版第３刷発行

著　者　竹内　浩史
発行者　井田　僚子

発行所　LABO
〒100－0013　東京都千代田区霞が関１－１－３　弁護士会館地下１階
TEL　03－5157－5227　FAX　03－5512－1085
発　売　株式会社大学図書
〒101－0062　東京都千代田区神田駿河台３－７
TEL　03－3295－6861　FAX　03－3219－5158
編集担当　渡邊　豊

印刷所／日本ハイコム株式会社
装幀／やぶはな あきお　本文組版／日本ハイコム株式会社
ISBN978-4-904497-55-5　C2032